Andreas Herteux

Grundlagen gesellschaftlicher Entwicklungen im 21. Jahrhundert

Neue Erklärungsansätze zum Verständnis eines komplexen Zeitalters

© 2020 Andreas Herteux

4. Auflage 2021

Erich von Werner Verlag

Erich von Werner Gesellschaft

ISBN-Paperback: 978-3-948621-16-2

ISBN-E-Book: 978-3-948621-17-9

Inhalt

Vorwort zur 4. Auflage

„Die Zukunft ist noch nicht geschrieben, wenngleich die Weichen auch gestellt sein mögen"

Ein Buch, das den etwas sperrigen Titel „Grundlagen gesellschaftlicher Entwicklungen im 21. Jahrhundert – Neue Erklärungsansätze zum Verständnis eines komplexen Zeitalters" trägt, hat es in der Regel auf dem Markt nicht einfach. Trotzdem liegt dem Leser nun bereits die vierte Auflage vor. Ein erfreuliches Ereignis, das primär zeigt, wie wichtig und relevant die gestellten Fragen sind, die mit neuen diskutierbaren und ergänzenden Theorien und Modellen beantwortet wurden: Wie lässt sich die Gegenwart in all ihrer Komplexität besser erklären? Wie wird die Zukunft sein? Ist das 21. Jahrhundert das Zeitalter des kollektiven Individualismus? Wird der Mensch zum Homo stimulus? Wie lassen sich gesellschaftliche Konflikte besser erklären?

Nun also die vierte Auflage. Da die Editionen dazwischen weder über eine separate Kennzeichnung noch über ein erweitertes Vorwort verfügen – zu schnell schritten die Ereignisse voran und zu umfangreich waren die Aufgaben –, scheint es nun an der Zeit zu sein, die bisherige öffentliche Wahrnehmung des vorliegenden Werkes ein wenig zu rekapitulieren und einzuordnen.

Insgesamt ist festzustellen, dass das Buch und dessen Inhalte bislang wohlwollend aufgenommen wurden, was bei einer Diskussionsgrundlage, die gerade die Kontroverse sucht, durchaus positiv verwundern könnte, allerdings ist einerseits der Verbreitungs- und Meinungsbildungsprozess noch nicht abgeschlossen, andererseits sind die angesprochenen Themen so grundlegend, dass es beinahe unmöglich erscheint, diese nicht in den Mittelpunkt einer umfassenden Debatte zu rücken. Zu einem solchen Meinungsstreit gehört aber auch immer der Widerspruch. Er sei, falls er denn eines Tages heftig an der Tür klopfen sollte, ein stets willkommener Gast, solange das Benehmen den üblichen Gepflogenheiten entspricht.

Nein, man muss in diesem Buch kein „[..] *visionäres [..] Diskursbuch*"[1] sehen. Es genügt, es als „[..] *interessante Lektüre*

---

[1] Kultur-Punkt (11/2020).

[..]'[2] zu betrachten, die sowohl kritisier- als auch ergänzbar ist, denn letztendlich geht es um die Inhalte und diese betreffen uns alle. Es ist unsere Freiheit, unsere Zukunft – unser Leben. Wenn nun die wissenschaftliche Fundiertheit der Theorien herausgehoben wird,[3] kann das eine Randnotiz bleiben, denn Derartiges sollte von Beginn an hinter der allgemeinen Verständlichkeit und Lesbarkeit zurücktreten. Konzipiert für einen möglichst breiten Leserkreis, nicht zu überfrachtet, war es bei Veröffentlichung allerdings keineswegs sicher, wie der Leser, der sich nicht stetig und in der Tiefe mit den jeweiligen Themen beschäftigt, das Buch aufnehmen würde. Er ist es, dessen Sinne geschärft und sensibilisiert werden sollten, denn es ist seine Wirklichkeit, die sich am Ende massiv verschieben wird. Tatsächlich erwiesen sich diese Bedenken als unbegründet und das Werk selbst erfuhr auch aus dieser Richtung eine überaus positive Rückmeldung. Dass es dabei immer wieder als eigenständiges bzw. abgeschlossenes Bild des 21. Jahrhunderts betrachtet wurde, erscheint dagegen zu absolut, denn es ist und bleibt eine offene Diskussionsgrundlage. Gleich, wie –

---

2 Euro Magazin (10/2020).
3 Standpunkt Magazin (10/2020).

der positive Tenor ist, und es soll nicht geleugnet werden, etwas, was den Autor erfreut und ermutigt, die Richtung für künftige Veröffentlichungen beizubehalten.

Zur vorherigen Auflage verändert sich daher auch wenig. Selbstverständlich wurde versucht, etwaige kleinere orthografische Unschärfen, die nicht durch das erste Korrektorat beseitigt werden konnten, in einem weiteren zu bereinigen. Inhaltlich gab es keine Ergänzungen, denn die vorgestellten Ideen und Theorien behalten selbstverständlich ihre Aktualität, aber auch das kann nicht überraschen, beschäftigt sich das vorliegende Werk doch mit den momentanen und künftigen Entwicklungen des 21. Jahrhunderts.

Die Gegenwart ist bereits eingetreten und die Zukunft steht vor der Tür. Versuchen wir, den ersten Gast zu verstehen und uns so auf den zweiten vorzubereiten.

Andreas Herteux   Januar 2021

Einleitung

„Und trotzdem haben alle Ideen ihren Wert, denn gerade aus ihren Irrtümern erwachsen oft stärkere und bessere Gedanken."

Die Welt wandelt sich in rasender Geschwindigkeit und wirkt dabei für viele so komplex und undurchschaubar wie noch nie zuvor in der Geschichte. Alles dreht sich, ist aus den Fugen geraten. Die gespaltene Gesellschaft? Vertrauensverluste? Zweifel an der globalisierten Welt? Wie ist diese Skepsis, wie sind diese Konflikte entstanden? Wie lassen sich die gravierenden gesellschaftlichen, wirtschaftlichen und politischen Veränderungen erklären, die das Bestehende infrage stellen und möglicherweise in Teilen bereits obsolet gemacht haben? Was ist nur geschehen? Gestern war doch alles noch überschaubar und geordnet. Alles geht so schnell, dass kaum Zeit bleibt, die Entwicklungen ausreichend zu verifizieren, zu ordnen und darzustellen. Doch reichen alte Modelle und Ideen der Sozial-, Wirtschafts- und Politikwissenschaften überhaupt noch aus, um die Realität des 21. Jahrhunderts abzubilden? Müssten sie nicht weiterentwickelt werden? Vielleicht erweist sich der Beobachtungsgegenstand als weitaus weniger komplex, wenn die Betrachtungsmethoden besser auf sie abgestimmt werden?

Diese Monografie möchte an diesem Punkt eine Hilfestellung geben und auf einige, womöglich auf alle, der genannten Fragen Antworten geben sowie neue Deutungen und Erklärungsmuster offerieren – als offene Diskussionsgrundlage, nicht als abschließende Darstellung. Dabei nutzt sie allerdings das Bestehende als Grundlage. Eine Fortentwicklung auf Basis des Gedankens, dass diese Welt auch im 21. Jahrhundert verstanden werden kann, es dafür lediglich einiger neuer Impulse bedarf.

Daher wird der Leser in dieser Monografie einer Vielzahl neuer interdisziplinärer Theorien und Modelle begegnen, die dazu dienen sollen, eine dynamisierte Zeit greif- und darstellbar zu machen.[4] Anderer Ansätze, die vielleicht bei der Beschreibung der Wirklichkeit helfen können.

---

[4] Dabei kann es nicht ausbleiben, die Fachsprache zu erweitern, denn neue Theorien, Modelle und Methoden bedürfen selbstredend auch ihrer ureigenen Ausdrucksform.

Folgende Theorien werden im Rahmen dieser Monografie neu betrachtet und zur Diskussion freigegeben:

- Die Theorie der modernen Identitätsdissonanz
- Das Modell des Verhaltenskapitalismus
- Die Theorie der modernen Reizgesellschaft
- Der Homo stimulus
- Die Theorie des Zeitenwandels
- Die Theorie des Milieukampfes
- Das Zeitalter des kollektiven Individualismus

Es bleibt zu hoffen, dass diese einen debattierbaren Beitrag zum Verständnis des 21. Jahrhunderts leisten können. Doch egal wie, am Ende bleibt es, wie es immer war: Der zu erforschende Gegenstand, die gesellschaftliche Entwicklung, ist groß und der Acker weist genug Platz für mannigfaltige Pflanzen mit gar unterschiedlichsten Trieben auf. Manche von ihnen werden ewig blühen, manche werden abgeerntet sowie anschließend vergessen und andere wiederum verdorren.

Andreas Herteux

1. Die globale Erosion der Gesellschaft

„Die Wirklichkeit, die man zu sehen glaubt, ist oft nur ein schwacher Abglanz der Vergangenheit, die oft mehr von den eigenen Erinnerungen, denn von den Realitäten getragen wird."

Jedes Buch bedarf eines Anfangs. Das verhält sich bei einer Schrift über die gesellschaftlichen Strukturen des 21. Jahrhunderts ebenso wie bei jedem anderen Werk. Doch wo beginnen? Bei grundlegenden Begriffen aus den tangierten Fachdisziplinen? Nein, die vorliegende Monografie möchte nicht Bekanntes erneut präsentieren, sondern weiterentwickeln und einen neuen Blick wagen. Dann die Historie als Ausgangspunkt wählen? Nein, derartige Übersichten wären nur Seitenfüller. Die Geschichte soll nur dann eine Rolle spielen, wenn sie die Inhalte dieser Schrift tangiert.[5] Womit

---

[5] Es sei an dieser Stelle die persönliche Anmerkung erlaubt, dass das Herz des Autors an dieser Stelle leidet, wenn er auf das ursprüngliche, weitaus umfangreichere Manuskript mit all seinen Queransichten blickt. Nur, welcher Leser hätte seine Freude an einem 2000 Seiten dicken Buch gehabt, das stetig in die Geschichte abschweift, Parallelen sowie Anekdoten sucht und nebenbei weitere Theorien, wie die des Aufstiegs und Falles von Ländern und Räumen, aufstellt, die nur

dann beginnen? Warum nicht schlicht mit der Wirklichkeit und der Frage, wie die Gesellschaft des 21. Jahrhunderts aufgebaut ist? Ganz unmittelbar und mit einigen Thesen, die da lauten:

- **Eine vollkommen homogene oder überwiegend homogene Gesellschaft gibt es nicht.**

- **Die Gesellschaft ist längst in viele Teile (Milieus) zerbrochen, die unterschiedliche, sich teilweise widersprechende Lebenseinstellungen, Werte oder Verhaltensmuster aufweisen.**

- **Der Zerfall ist kein europäisches oder westliches Phänomen, sondern kann global beobachtet werden.**

- **Die Erosion zeigt ein Muster auf und ist noch nicht abgeschlossen.**

---

begrenzt mit dem 21. Jahrhundert zu schaffen haben? Mag das Herz auch bluten, das Endprodukt sollte doch eines für die Leser sein und nicht für den Autor.

- **Dieser Zerfall hat Ursachen und zieht Folgen für die Stabilität von Strukturen und Systemen nach sich.**

Das wäre ein passender Beginn, denn das erste Kapitel, das noch wenig persönliche Originalität in seinen eigenen Überlegungen aufzeigt,[6] wird sich diesen Thesen widmen und damit einen Teil eines Fundamentes der Wirklichkeit legen, welches für die weiteren Kapitel als Ausgangspunkt dienen soll. Es soll, in der gebotenen Kürze und Übersichtlichkeit, ein, was manchen Leser vielleicht überraschen mag, anerkanntes Abbild der Realität zeichnen. Zugleich bedeutet dieser Blick auf die Wirklichkeit aber auch eine Abkehr von vereinfachenden Erklärungsmustern, wie sie heute noch gerne für gesellschaftliche Vorgänge angewandt werden.[7] Spätestens nach dem ersten Kapitel wird daher zumindest eine Ahnung entstanden sein, warum diese bes-

---

[6] Damit ist die des Autors gemeint, denn im ersten Kapitel wird primär ein einheitlicher Wissensstand hergestellt.

[7] Man denke hier nur an das Links-Rechts-Schema, das heute noch zu oft als Erklärungsmuster für gesellschaftliche Konflikte herangezogen wird.

18

tenfalls noch begrenzt tauglich sein können, um gesellschaftliche Phänomene zu beschreiben oder gar zu erklären. Doch es soll von vorne, bei den Grundlagen der Milieumodelle, begonnen werden.

1.1 Grundlagen der Milieumodelle

„Je genauer die Betrachtung, umso mehr wirft auch

scheinbar Selbstverständliches Fragen auf."

Um die Realität abbilden zu können, ist es fundamental, gesellschaftliche Strukturen des 21. Jahrhunderts zu kennen und zu verinnerlichen. Ein zentrales und nun benötigtes Element ist dabei der messbare Zerfall der globalen Gesellschaften in immer kleinere Lebenswirklichkeiten, die man als Milieus bezeichnet.[8] Das bedeutet, dass die vorzustellenden Theorien und Modelle in den folgenden Kapiteln voraussetzen, dass es keine oder nur wenige homogenen

---

[8] In der modernen Definition wird ein soziales Milieu als eine gesellschaftliche Gruppe mit ähnlichen Wertvorstellungen, Mentalitäten, Einstellungen und Lebensweisen beschrieben. Der Milieuansatz selbst ist jedoch deutlich älter und könnte bei Hippolyte Taine (1823–1893) begonnen haben. Er wurde allerdings stetig weiterentwickelt. Die Begriffe „Milieu" und „Lebenswirklichkeit" werden in dieser Schrift synonym verwendet.

Gesellschaften gibt.[9] Im Gegenteil schreitet die Erosion stetig fort und muss zwangsläufig zu Konflikten zwischen den sich stetig im Wandel befindenden Lebenswirklichkeiten sowie zahlreichen weiteren Herausforderungen führen. Demnach handelt es sich um einen Prozess, der nicht abgeschlossen ist, sondern immer weiter fortschreitet.

Das mag auf den ersten Blick komplex anmuten, doch soll, um das Abstrakte zu konkretisieren, ein Beispiel herangezogen werden. Hierfür nutzen wir zwei Zeitpunkte aus der jüngeren deutschen Geschichte und vergleichen die gesellschaftlichen Strukturen. Dabei sei allerdings angemerkt, dass Deutschland hierbei, wie später noch demonstriert

---

[9] Es gab – zweifelsfrei – stets Bestrebungen, Gesellschaften zumindest oberflächlich durch Druck „homogen" wirken zu lassen, indem Lebensweisen und Einstellungen unterdrückt und als unerwünscht gebrandmarkt werden. Das gelingt im 21. Jahrhundert allerdings, wie noch gezeigt werden wird, aber auch Diktaturen nur noch selten und selbst diese haben sich auf die neue Vielfalt längst eingestellt.
Unabhängig davon sei erwähnt, dass auch in Demokratien das Interesse vorherrscht, eine Bevölkerung möglichst homogen oder überschaubar heterogen erscheinen zu lassen, um die Systemstabilität zu gewährleisten. Hierfür werden Werte oder Identifikationsmöglichkeiten geschaffen und gepflegt. Warum dies aber immer weniger gelingt, wird in diesem Buch noch thematisiert werden.

werden wird, keine Sonderstellung einnimmt, sondern es sich um ein globales Phänomen der Veränderung handelt. Hierzu jedoch zu einem späteren Zeitpunkt mehr.

Nach dem Krieg – wenige Milieus mit klaren Profilen

In den ersten beiden Jahrzehnten nach dem Zweiten Weltkrieg erschien die westdeutsche Gesellschaft wunderbar geordnet, denn es wurden lediglich vier Lebenswirklichkeiten unterschieden:[10]

- das konservativ-protestantische Milieu,

- das katholische Milieu,

- das liberal-protestantische Milieu und

- das sozialdemokratische Milieu.

Zwar ist nicht von einer absoluten Homogenität zu reden, wie sie in der nationalsozialistischen Propaganda einige

---

[10] Die Unterteilung stammt von M. Rainer Lepsius (1928–2014).

Jahre zuvor noch angestrebt wurde[11], und doch ist eine gewisse Übersichtlichkeit, die letztendlich auch das politische und kommerzielle Marketing erleichterte, festzustellen. Oder anders ausgedrückt: Es wurden klare Milieus mit eindeutigen Werten und Vorstellungen, deren Bedürfnisse relativ einfach zu erkennen und zu befriedigen waren, identifiziert.

In den folgenden Jahrzehnten veränderte sich die deutsche Gesellschaft allerdings augenscheinlich. Erst langsam, dann schneller, bis dieser Prozess schließlich – spätestens ab den mittleren 2000er-Jahren – durch den Zeitenwandel[12] dyna-

---

[11] Hier gilt es anzumerken, dass der Begriff selbst im deutschen Sprachraum bereits im 18. Jahrhundert geprägt und weit vor der Machtübernahme der Nationalsozialisten populär wurde.

[12] Unter einem **Zeitenwandel** versteht man einen zeitlichen Abschnitt, in dem sich dessen einzelne Elemente auf eine solche Art und Weise dynamisch gegenseitig beeinflussen, dass diese eine Neuordnung der bisherigen (globalen) Machtverhältnisse bewirken können.
Diese Elemente sind:
1.) Technologischer Fortschritt
2.) Aufstieg neuer Konkurrenten auf den Weltmärkten
3.) Schwäche der bisherigen herrschenden Elemente

misiert wurde. Wenige Jahrzehnte später ist daher von dieser scheinbaren Homogenität, oder besser von der überschaubaren Heterogenität, wenig geblieben.

Zerfall und Spaltung der Gesellschaft

Doch wie sah diese Veränderung aus? Um das aufzuzeigen, sollen Lebenswirklichkeitstheorien herangezogen werden, die diese Entwicklung aufzeigen. Grundsätzlich bestehen mehrere Milieumodelle, wobei das Sinus-Institut das bekannteste veröffentlicht hat.[13] Zieht man diese Übersicht

---

4.)   Veränderung der Umweltbedingungen
5.)   Fehlende Perspektiven
Diese Elemente stehen in stetiger Wechselwirkung, was am Ende zu förmlichen „Sprüngen" führen kann. Ein sehr extremes, aber leicht verständliches Beispiel wäre hier die Corona-Pandemie, die man als Veränderung der Umweltbedingungen klassifizieren könnte, die aber natürlich Einfluss auf alle anderen Felder nimmt.
Der Zeitenwandel wird allerdings an späterer Stelle noch genauer betrachtet werden.

[13] Die Sinus-Milieus sind ein Erzeugnis des Sinus-Instituts. Dieses forscht im Bereich der sozialen Milieus in über 40 Ländern und bietet seine Erkenntnisse zum kommerziellen Nutzen an. Die Sinus-Milieus werden sowohl von der Wirtschaft als auch von der Politik für den jeweiligen Vertrieb genutzt. Es handelt sich daher um einen praktischen, aber anerkannten Ansatz, der seine Bewährung in der Empirie

heran, so setzt sich die deutsche Gesellschaft aus nunmehr 10 (+3) Milieus zusammen, die sich in ihren Werten, Handlungen und Ansichten deutlich unterscheiden:[14]

- **Traditionelles Milieu (ca. 11 % der Bevölkerung)**

  Menschen, die dem traditionellen Milieu zugeordnet werden, legen großen Wert auf Sicherheit sowie den Erhalt jener Teile der Vergangenheit, mit

---

gefunden hat. Die Ausführungen auf diesen Seiten beziehen sich primär auf folgende Publikation, die natürlich ergänzt, angepasst und aktualisiert werden musste:
„Praxis der Sinus-Milieus® –
Gegenwart und Zukunft eines modernen Gesellschafts- und Zielgruppenmodells". Springer-Verlag, 24.10.2017, 978-3-658-19335-5.

[14] Diese Milieus stellen allerdings lediglich einen Ausgangspunkt dar, da diese Schrift von einem sehr schnellen weiteren Zerfall der Gesellschaft ausgeht. Tatsächlich nimmt dies aber auch das angesprochene Institut zur Kenntnis. Während Sinus im Jahr 2018 lediglich 10 Milieus kannte, wurden diese im Jahr 2020 auf 13 erweitert, auch wenn die zusätzlichen Elemente als „Submilieus" betrachtet werden. Weiterhin sind außerdem prozentuale Veränderungen der Milieugröße zu beobachten. Die umfangreichen Messmethoden machen es hier allerdings sehr schwer, konstant Aktualität zu erreichen.

denen man sich emotional verbunden fühlt. Sehr oft wird diese als „bessere Zeit" oder als ein Sehnsuchtsort wahrgenommen. Bei der einheimischen Bevölkerung im Westen Deutschlands äußert sich das beispielsweise oft durch ein Festhalten an den Werten und Abläufen der alten Bundesrepublik. Bei Migranten durch ein inneres Bewahren des Heimatlandes, das sogar zu einer aktiven Verteidigung desselbigen führen kann, obwohl dieses seit Jahrzehnten nicht mehr besucht wurde und ein Leben dort auch nicht gewünscht wird. Das Vergangene bleibt für Personen, die sich dieser Kategorie zuordnen lassen, in manchen Bereichen ein Ideal und Traditionen der früheren Schicht (z. B. Bürgertum, Arbeiterklasse) werden beibehalten.

Man sieht sich als bodenständig, bewahrend, sparsam und bescheiden. Bei einigen spielt auch die Religion eine ausgeprägte Rolle. Einkommenstechnisch gehört man bestenfalls zur Mittel-, aber auch oft zur Unterschicht. Das war nicht immer so, aber nicht selten hat man in den letzten Jahren einen gewissen finanziellen Abstieg erlebt.

Skepsis gegenüber Veränderungen ist keine Seltenheit. Einen Hang zur Entwicklung gibt es nur begrenzt und wenn doch, hat jede Anpassung langsam zu erfolgen. Ein zu schneller Wandel führt mitunter zu einer innerlichen Überforderung, die unter Umständen eine Art innere Migration in die eigene Lebenswirklichkeit erwirkt, während störende Entwicklungen gezielt ausgeblendet werden, soweit das möglich erscheint. Aktiver Widerstand ist eher selten und lediglich bei extremen Störungen zu erwarten.

Das traditionelle Milieu wird seit 2020 in „verwurzelte Festhalter" (4 %) sowie „modernisierende Bewahrer" (7 %) unterteilt und ist seit 2018 um 2 % geschrumpft. Heute gehören ihm ca. 11 % der Bevölkerung an.

- **Prekäres Milieu (ca. 9 %)**

  Personen, die dem prekären Milieu angehören, zählen zur Unterschicht, die den Anschluss an die mittleren Milieus händeringend sucht und zum einen von realen Zukunftsängsten, aber auch von irrationalen Befürchtungen gelenkt wird. Man ist arm und fühlt sich auf jeder Ebene auch so. Das soziale Umfeld erschwert den eigenen Aufstieg und es bestehen nur wenige Möglichkeiten, die eigene Lebenswirklichkeit zu verlassen. Ausgrenzung erleben Angehörige dieser Kategorie des Öfteren und aus verschiedenen Gründen. Der Glaube an die eigene Benachteiligung ist stark ausgeprägt. Viele kämpfen aufopferungsvoll jeden Tag aufs Neue. Ihnen fehlt es emotional an gesellschaftlicher Anerkennung und das wird als schmerzlich empfunden. Es handelt sich um einen Zustand, der Betäubung erfordert. Der größte Teil des prekären Milieus versucht daher, derartige Gefühle durch Konsum zu kompensieren, was jedoch aufgrund der begrenzten Einkommen schwierig ist. So bleibt das Leben für ca. 9 % der Bevölkerung oft trostlos und grau.[15]

---

[15] Ob das prekäre Milieu nicht längst in weitere Lebenswirklichkeiten zerfallen ist, lässt sich diskutieren. In jedem Fall handelt es sich um eine vielfältige „Schublade".

- **Hedonistisches Milieu (ca. 15 %)**

  Im hedonistischen Milieu finden sich die Anhänger der Spaßgesellschaft, die ganz einfach nur leben und dabei so viel Freude empfinden wollen wie möglich. Dabei betrachten sie Erwartungen als lästig und Traditionen sowie Konventionen als überflüssig. Die Angehörigen dieser Kategorie wollen etwas erleben und dafür zeigen sie sich extrem anpassungsfähig, denn letztendlich bindet sie nichts. Politik und Bildung interessieren diese Gruppe nur dann, wenn sie unterhalten. Sie sind unbekümmert, lassen sich leicht begeistern, laufen gerne Trends nach und lieben den Konsum, der auch einmal spontan sein darf, solange er sich in dem Moment gut anfühlt. Das Problem dabei ist, dass das insgesamt eher geringe Einkommen den Spaß doch immer wieder begrenzt. Das hedonistische Milieu wird seit 2020 außerdem in „Konsum-Hedonisten" (8 %) sowie „Experimentalisten" (7 %) unterteilt.[16] Es umfasst ca. 15 % der Bevölkerung.

- **Bürgerliche Mitte (ca. 13 %)**

  Bei der bürgerlichen Mitte handelt es sich um den klassischen Mainstream, der die herrschende Ordnung stützt und dazu einen leistungsstarken Beitrag leistet. Die zentralen Themen sind Sicherheit, Ordnung sowie das Finden eines Platzes im bestehenden System. Im Gegensatz zum traditionellen Milieu akzeptiert man Veränderungen und trägt diese auch mit, wenn bewährte Kräfte sie glaubwürdig verkaufen. Es müssen schon extreme Geschehnisse sein, die den Lebensstil angreifen, wenn dieser Teil der Bevölkerung offen rebellieren soll. Der größte Teil davon verfügt über ein gutes oder sehr gutes Einkommen. Dennoch bestehen auch hier vermehrt Abstiegsängste. Manchmal zu Recht,

---

[16] Auch hier wäre es vermutlich sinnvoller gewesen, das Milieu der Hedonisten in zwei separate, neue zu unterteilen; aber das wird vermutlich in den kommenden Jahren noch geschehen.

gelegentlich nur gefühlt. Die bürgerliche Mitte wird seit 2020 noch in „Statusorientierte" (7 %) und „Harmonieorientierte" (6 %) unterteilt. Ihr gehören ca. 13 % der Bevölkerung an.

- **Adaptiv-pragmatisches Milieu (ca. 11 %)**

Bei der adaptiv-pragmatischen Lebenswirklichkeit handelt es sich um die junge und moderne Mitte der Gesellschaft, die primär von Nützlichkeitsaspekten geleitet wird. Sie ähnelt der bürgerlichen Mitte, ist aber noch biegsamer und flexibler, um einen Platz in der Gesellschaft zu erlangen, der das eigene Leben auf Dauer absichert. Diese „Schublade" zeichnet sich daher durch eine hohe Flexibilität und Anpassungsfähigkeit aus. Sie ist weltoffen und steht Veränderungen positiv gegenüber. Da man überwiegend bereits in jungen Jahren über ein gutes Einkommen verfügt, kann man sich diesen Optimismus auch durchaus leisten. Gemeinhin wird dieses Milieu als die stärkste Lebenswirklichkeit der Zukunft betrachtet und spielt daher bei Gedankenspielen rund um die sogenannte „Neue

Mitte"[17] eine herausragende Rolle. Das Milieu ist seit 2018 um ca. 1 % gewachsen und umfasst ca. 11 % der Bevölkerung.

- **Sozialökologisches Milieu (ca. 7 %)**

  Die Anhänger des sozialökologischen Milieus sind die klassischen Verfechter der politischen Korrektheit und Vielfalt, die sich selbst als das soziale und ökologische Gewissen des Landes betrachten, aktiv versuchen, andere von ihren Idealen zu überzeugen, und den Anstoß für Veränderungen geben. Das Establishment sehen sie kritisch. Das gilt auch für den Kapitalismus oder den Konsum, obwohl sie, sehr oft mit relativ hohem Einkommen gesegnet, selbst nicht unter dem System leiden müssen. Ihnen geht es aber um grundsätzliche Veränderungen sowie globale Zusammenhänge. Daher sehen sie sich auch als starke Befürworter der multikulturellen Gesellschaft und neuer Gesellschaftsordnungen. In der Regel gelingt es ihnen,

---

[17] „Die neue Mitte" – ein Begriff, der inzwischen auch schon mehrere Jahre seine Volljährigkeit erreicht hat.

ihre Themen so zu platzieren, dass sie, im Verhältnis zu ihrem relativen Bevölkerungsanteil von 7 %, überproportional wahrgenommen werden.

- **Konservativ-etabliertes Milieu (ca. 10 %)**

Das konservativ-etablierte Milieu lässt sich als das klassische Establishment beschreiben. Man hat einen traditionellen Führungsanspruch und zumindest die alte Bundesrepublik maßgeblich mitgestaltet. Standesbewusstsein sowie Leistungsdenken sind ebenso Grundpfeiler des Selbstverständnisses wie der feste Glaube an den eigenen Wert und die Exklusivität. Teilweise existiert noch eine starke Verankerung in Traditionen. In den letzten Jahren ist der Einfluss der Angehörigen dieser Lebenswirklichkeit, die zur absoluten Einkommenselite zählen, gesunken, was aber nicht von Dauer sein muss, denn der natürliche Anspruch auf Führung wurde nicht aufgegeben und besteht noch immer fort. Diesem Milieu gehören ca. 10 % der Bevölkerung an.

- **Liberal-intellektuelles Milieu (ca. 7 %)**

  Angehörige des liberal-intellektuellen Milieus kennzeichnen sich durch einen hohen Bildungsstandard sowie eine liberale Grundhaltung. Ihr Antrieb ist die Freiheit. Materielle Sorgen kennen sie in der Regel weniger und können daher vielfach interessiert sein. Ihre Ausrichtung ist kosmopolitisch. Das oft hohe Interesse an Kunst und Kultur ist nicht gespielt, während sie auf der anderen Seite wenig von alten Traditionen oder der Verklärung der Vergangenheit halten. Letztendlich zählen für sie Selbstverwirklichung sowie die persönliche Entfaltung. Der Anteil an der Bevölkerung beträgt ca. 7 %.

- **Milieu der Performer (ca. 8 %)**

  Zum Milieu der Performer zählt man die international orientierte Leistungselite des Landes. Sie denkt nicht mehr in nationalen oder gar regionalen Grenzen, sondern global. Konsum und Statussymbole sind für sie von zentraler Bedeutung, wobei letztere ganz bewusst zur exklusiven Abgrenzung dienen. Dementsprechend stark ausgeprägt ist auch das Konkurrenzdenken: Man weiß eben, dass die Welt ein Haifischbecken ist und die kleinen Fische letztlich nur Beute sind. Veränderungen oder das Nutzen von neuen Technologien sind für sie daher selbstverständlich. Dasselbe gilt für eine Vernetzung mit Gleichgesinnten auf der ganzen Welt. Dieser Lebenswirklichkeit gehören ca. 8 % der Bevölkerung an.

- **Expeditives Milieu (ca. 9 %)**

In der expeditiven Lebenswirklichkeit findet sich eine junge, kreative und hochgebildete Elite, die sich geistig und seelisch neuen Ideen öffnet und Altes hinter sich lässt. Es handelt sich um Nonkonformisten, die wenig mit dem Establishment oder Traditionen anfangen können. Kein Denken in Grenzen und eine starke Vernetzung sind hier charakteristisch. Sie sind vollkommen offen für alternative Lebensweisen und Lösungen und können sich das finanziell auch leisten. Mit der politischen Zuordnung dieser Gruppe sollte man aber Vorsicht walten lassen, denn hier kann sich, soweit

35

man Sympathien für das obsolete Links-Rechts-Schema verspürt, sowohl die moderne Linke als auch die moderne Rechte finden, die sich von der Vergangenheit gelöst hat und völlig neue Wege, oft gepaart mit neuester Technologie, zu suchen bereit ist. Die politische Einstellung ist daher kein besonders guter Indikator. Das Milieu ist seit 2018 um ca. 1 % gewachsen und umfasst ca. 9 % der Bevölkerung.

Eine Gesellschaft – viele Lebenswirklichkeiten

Soweit der Einblick in ein aktuelles, den Markt wohl dominierendes Milieumodell. Die Ergebnisse der Betrachtung der Lebenswirklichkeiten belegen einerseits die These, dass eine homogene deutsche Gesellschaft nicht existiert, und stellen darüber hinaus ein gewichtiges Indiz für die Schlussfolgerung dar, dass der Prozess des Zerfalls längst noch nicht abgeschlossen ist. Letzteres wird schon dadurch unterstrichen, dass seit 2018 weitere Unterteilungen der bestehenden Milieus, wie sie auf den letzten Seiten vorgestellt wurden, vorgenommen werden mussten.[18]

Nun mag der ein oder andere Leser einwenden, dass diese Schlussfolgerung zwar legitim ist, da eine entsprechende wissenschaftliche Grundlage gewählt wurde, es sich aber letztendlich nur um ein Modell handelt, das aus Sicht des Forschers Interesse generiert, aber nur begrenzten Praxisbezug aufweisen kann. Diese Annahme wäre allerdings ein fundamentaler Irrtum.

Ein Standard des politischen Marketings

Bei den Milieumodellen handelt es sich nicht um ein rein theoretisches Konstrukt, sondern sie dienen noch immer

---

[18] Dass der Autor die These vertritt, dass die Erosion weiter fortgeschritten ist als Milieumodelle, die immer auf Daten zurückgreifen, die in einem – gelegentlich jahrelangen – Prozess erst ermittelt werden müssen, sei für den Moment ohne Belang. Es werden in den folgenden Kapiteln aber Argumente dafür aufgeführt werden.

als Basis für wirtschaftliche und politische Entscheidungen.[19]

Insbesondere in Deutschland war und ist die Nutzung der Lebenswirklichkeiten-Modelle sehr ausgeprägt. Als Beispiel soll das politische Feld dienen, bei dem Milieubetrachtungen spätestens ab den späten Neunzigerjahren dazu geführt haben, sowohl die Kommunikation als auch die eigene Zielgruppe zu überdenken sowie neu auszurichten.

In die Öffentlichkeit drang dieses Umdenken allerdings erst spät und im Rahmen des Wahlkampfes zur Bundestagswahl

---

[19] Vermutlich werden sich diese in den kommenden Jahren aber verändern, da die moderne Reizgesellschaft und der Verhaltenskapitalismus weitere Präzisierung und Vertiefung der Profilerstellung und Datenerhebung ermöglichen. In der Wirtschaft ist dies bereits zu beobachten. In der Politik bleibt diese Frage, in der westlichen Welt, spannend, allerdings zeigt sich, man denke nur an den Skandal um Cambridge Analytica, auch hier eine klare Tendenz und die chinesische Variante dürfte inzwischen auch bekannt sein.

1998. Hier im Besonderen durch die als „modern" wahrgenommene Kampagne der Sozialdemokratischen Arbeiter-
partei (SPD).[20]

Später auch durch die Christlich Demokratische Union
(CDU), bei der Milieumodelle einen wesentlichen Baustein
für den Umbau der Partei darstellten.[21] Dass diese Modelle
auch mehrere Jahrzehnte später noch eine wichtige Rolle

---

[20] Letztendlich war die konsequente Nutzung von Milieumodellen einer der Gründe für die gewonnene
Bundestagswahl 1998, die Gerhard Schröder in das
Kanzleramt brachte. Demnach waren die veränderten
gesellschaftlichen Strukturen bereits vor Jahrzehnten ein
Thema. Auf diese zeitlichen Veränderungen und den Umgang
mit ihnen durch Politik und Wirtschaft wird allerdings noch in
einem späteren Kapitel eingegangen werden.
Der Autor selbst hat sich mit diesen erstmals – im Rahmen
einer Seminararbeit – während seines Studiums beschäftigt.
In den Jahren 1997/98 waren seine Interessen, womöglich
auch aus Gründen des damaligen Alters, noch anderweitig
gelagert.

[21] Ein Umbau, der bis heute von Teilen der Partei und
Öffentlichkeit kritisiert sowie als „Linksruck" gedeutet,
tatsächlich aber als Suche nach der „neuen Mitte" verstanden
wurde. Tatsächlich erfolgte schlicht eine starke Ausrichtung
an Milieumodellen.

spielen, wird von mancher Partei selbst nach außen kommuniziert[22] und ist auch in der politischen Berichterstattung

---

[22] Hier ist anzumerken, dass der SPD-Wahlkampf 1998 in vielen Bereichen als innovativ zu betrachten ist und viele Einflussfaktoren sowie die Lage der Unionsparteien ebenfalls zu analysieren sind. Die „Entdeckung" der „Neuen Mitte" ist eine milieuspezifische Betrachtung.
Generell ist festzustellen, dass politische Parteien die Details ihrer Arbeitsmethodik selten öffentlichkeitswirksam proklamieren. Gelegentlich passiert es, etwas überraschend, doch, wie bei dieser öffentlichen Mitteilung auf der Seite des Sinus-Instituts:*„SPD NIEDERSACHSEN: MIT DEN SINUS-MILIEUS ZUM WAHLSIEG*
Mit Hilfe der Sinus-Milieus gewann die SPD Niedersachsen unerwartet die Landtagswahl im Oktober 2017 – heute stellt sie mit Stephan Weil zum zweiten Mal den Ministerpräsidenten."
https://www.sinus-institut.de/veroeffentlichungen/meldungen/detail/news/spd-niedersachsen-mit-den-sinus-milieus-zum-wahlsieg/news-a/show/news-c/NewsItem/.
Die SPD beschreibt ihr Vorgehen im „Vorwärts" selbst so:
„Bei der Landtagswahl in Niedersachsen hat die SPD 55 von 87 Wahlkreisen direkt gewonnen. 23 der Wahlkreise, in denen diesmal die SPD gewann, waren 2013 noch an die CDU gegangen. Grund für den Erfolg der SPD waren nicht nur engagierte Kandidatinnen und Kandidaten, sondern detaillierte Analysen jedes einzelnen Wahlkreises. Tür-zu-Tür-Wahlkampf und Media-Planung (dabei insbesondere die Facebook-Werbung) richteten wir auf Grundlage der Analysen nach Sinus-Milieus aus, fokussierten uns auf neunzehn

ein Standard.[23] Gleiches gilt für viele Bereiche des öffentlichen Sektors.[24]

---

besonders umkämpfte ‚Battlegrounds' und kartographierten über 800 Orte im ganzen Land. So konnten Aktionen passgenau nur in diejenigen Straßenzüge stattfinden, in denen potenziell erreichbare Wählergruppen zu finden sind. Am Ende gewann die SPD jeden einzelnen Battleground [..]"
https://www.vorwaerts.de/artikel/spd-niedersaechsischen-landtagswahl-lernen.

[23] Es kann daher auch nicht überraschen, dass große Institutionen wie die in Deutschland und Europa sehr einflussreiche Bertelsmann Stiftung ihre Wahlanalysen nicht selten ebenfalls auf Basis von Milieumodellen erstellen.

Ein Beispiel wäre folgende Analyse für die Bundestagswahl 2017:
https://www.bertelsmann-stiftung.de/fileadmin/files/BSt/Publikationen/GrauePublikationen/ZD_Populaere_Wahlen_Bundestagswahl_2017_01.pdf
https://www.bertelsmann-stiftung.de/fileadmin/files/Projekte/Demokratiemonitor/Grafik_Analyse-Bundestagswahl-2017_Verteilung-der-Wahlberechtigten-auf-die-Sinus-Milieus_20171006.jpg.

Ein weiteres bietet die US-Wahl 2017:
https://d25d2506sfb94s.cloudfront.net/r/52/President_Vote_Post_Election_Presecharts.pdf.
[24] Als Beispiel sei an dieser Stelle auf den „Fahrradmonitor 2019" des Freistaates Thüringen 2019 verwiesen:

Wirtschaft

Was für die Politik galt und gilt, ist auch für die Wirtschaft einschlägig. Auch sie orientiert sich im Vertrieb noch immer in großen Teilen an den Lebenswirklichkeiten der Kunden.[25] Diese werden den Bedürfnissen der Auftraggeber entsprechend genauer ausgearbeitet und segmentiert. Die Automobilindustrie nutzt hier in Teilen beispielsweise die Sigma-Milieus des Sigma-Instituts, die Entwicklung eines Konkurrenten des Sinus-Instituts, als Grundlage für die Segmentierung von globalen Zielgruppen und Trends.[26]

---

https://infrastruktur-landwirtschaft.thueringen.de/fileadmin/Verkehr_und_Strassenbau/Radwege/Fahrrad-Monitor_Deutschland_2019_BoostReport_Thueringen_17102019.pdf.

[25] Auch hier ist erneut anzumerken, dass es vielfache Segmentierungsvariablen gibt, wir aber bei den Grundmodellen bleiben werden. Zudem könnten Milieumodelle durch verhaltenskapitalistische Datenabschöpfungsmethoden ersetzt werden.

[26] Das Sigma-Institut nennt auf seiner offiziellen Online-Präsenz zahlreiche Referenz-Kunden, welche die Bedeutung des Milieuansatzes herausstellen sollen: http://www.sigma-online.com/de/References/.

Damit soll dieser Exkurs allerdings enden und die Eignung von Milieumodellen als theoretische und praktische Argumentationsgrundlage ausreichend nachgewiesen sein.

Eine homogene Gesellschaft gibt es nicht

Grundsätzlich gilt, dass Milieumodelle und damit die Erkenntnis der zerfallenen Gesellschaft heute nicht nur eine bedeutende Komponente des ökonomischen und politischen Marketings sind, sondern eine allseits akzeptierte Tatsache. Zudem lässt sich beobachten, dass dieser Trend weiter fortschreitet. Oder kurz zusammengefasst:

Die Gesellschaft setzt sich aus zahlreichen Milieus mit teilweise völlig unterschiedlichen Vorstellungen von der richtigen Lebensweise zusammen.

Der kritische Leser mag dies nun akzeptieren, aber zugleich die Frage stellen, ob an dieser Stelle nicht vielleicht eine spezifisch deutsche Konstellation beschrieben wurde. Ob es sich daher auch um ein globales Phänomen handelt, soll in einem nächsten Schritt untersucht werden.

1.2 Globale Milieubildung

„Die Akzeptanz des Neuen fällt leichter, wenn der Ausgangs-
punkt das Vertraute ist."

Nach dem Auftakt unserer Reise zieht es uns, mit der Frage im Gepäck, ob die Erosion der Milieus – oder besser die Zersplitterung der Gesellschaft – eine globale Beobachtung ist, nun in die weite Welt. Erneut nutzen wir hierfür Milieustudien, wie sie auch für den Absatz von Produkten auf internationalen Märkten verwandt werden, wobei uns eine generelle Betrachtung genügen soll, während Großunternehmen ihre Zielgruppenanalysen selbstredend weiter segmentieren und verfeinern.

Das Ziel dieser Betrachtung ist es allerdings nicht, die Marketing- und Vertriebsmodelle der Wirtschaft oder Politik aufzuzeigen, sondern zum einen darzustellen, dass die Erosion der Gesellschaft ein globales Phänomen ist, und zum anderen zu untersuchen, ob der Zerfall nach einem erkennbaren Muster stattfindet.

Der internationale Vergleich

Für die eigentliche Darlegung ziehen wir wiederum die Milieus des Sinus-Institutes heran. Besagtes Institut unterteilt im internationalen Bereich in „entwickelte" und in „nicht entwickelte" Länder, wobei mit ersteren begonnen werden soll.[27] Das führt unzweifelhaft zu einer Frage:

Was ist überhaupt eine entwickelte Gesellschaft? Es gibt viele Möglichkeiten, diese zu definieren, allerdings wird in dieser Betrachtung die technische und wirtschaftliche Ebene in den Mittelpunkt gestellt. Wir reden daher von ökonomisch hoch entwickelten Staaten, die sich durch eine spezialisierte Arbeitsteilung, eine bedeutende industrielle Produktion und den erkennbaren Eintritt in das Informationszeitalter kennzeichnen. Kulturphilosophen mögen diese Beschreibung kritisieren, trotzdem müssen wir im Moment akzeptieren, dass in modernen Zeiten die Kultur

---

[27] Angemerkt sei, dass das Sinus-Institut seine Untersuchungen nach eigenen Angaben in über 40 Ländern durchgeführt hat. Das bedeutet, dass diese repräsentativ herangezogen werden.

häufig der Zivilisation folgt und nicht umgekehrt.[28] Weiterhin besagt schon die Namensgebung, dass sich offenbar sehr viele Länder in zwei Gruppen einteilen lassen. Das heißt, die Milieus müssen, zumindest oberflächlich betrachtet, grenzüberschreitend vergleichbar sein. Diese Vermutung wird bei einem Blick auf die Lebenswirklichkeiten der entwickelten Länder auch bestätigt.

---

[28] Zweifellos verdient dieser Punkt Erläuterung, denn hier herrscht eine Diskrepanz zwischen einem spezifisch deutschen und einem internationalen, besonders im englischsprechenden Raum verbreiteten Verständnis der Begriffe „Kultur" und „Zivilisation". Im 18. und 19. Jahrhundert wurden im deutschen Sprachraum Kultur und Zivilisation klar voneinander getrennt. Auch hier gibt es mehrere Interpretationen, allerdings wird Kultur als etwas Originäres gedeutet, während Zivilisation auch durch Übernahme ohne Tiefe errungen werden kann. Eine Unterscheidung, die es so in anderen – man erkenne den dezenten Unterton – Kulturen nicht gibt.

Soziale Milieus in entwickelten Ländern[29]

- **Traditionelle**

  Eine „Schublade", in der in der Regel schlecht bis mittelmäßig verdient wird und die Pflichten und Regelungen des Alltags den Traditionen des jeweiligen Landes entnommen werden. Das kann ggf. auch eines sein, aus dem erst migriert wurde. Religion kann eine große Rolle spielen, muss es aber nicht. Das Misstrauen gegenüber anderen Lebenswirklichkeiten ist groß. Die Vorstellung, wie die Welt zu sein hat, ist eindeutig und klar: so wie sie vermeintlich immer war und doch bleiben soll. Der große Leitgedanke ist Sicherheit.

---

[29] Folgender Link bietet eine grafische Aufbereitung der besagten Milieus sowie weiterführende Erläuterungen zur Methodik:
https://www.sinus-institut.de/sinus-loesungen/sinus-meta-milieus-weltweit/.
Einige Benennungen und Beschreibungen wurden dabei durch den Autor dieser Schrift angepasst und müssen nicht damit identisch sein.

- **Etablierte Konservative**

  Die Lebenswirklichkeit der Etablierten kennzeichnet sich durch ein hohes Einkommen sowie ein großes Selbstbewusstsein. Man hat es geschafft – und zwar schon seit mehreren Generationen. Man leitet das Handeln durchaus noch aus den Traditionen her, ist aber auch dem Individualismus und dem Vergnügen nicht abgeneigt, soweit dies nicht vollkommen mit den konservativen Grundwerten bricht. Es braucht kaum bemerkt zu werden, dass sich dieses Milieu als natürliche und anständige Führungsschicht betrachtet.

- **Moderner Mainstream**

  Hier handelt es sich um eine Gruppe mit mittlerem Einkommen, die sich von den Traditionen bereits gelöst hat bzw. diese nur noch als Beinahe-Folklore oder „Mantel (fast) ohne Futter" plakativ vor sich herträgt. Ein typisches Beispiel wäre hier das Feiern von religiösen Festen wie Ostern, das man eben feiert, ohne die Bedeutung noch genauer zu kennen. Individualismus, Selbstoptimierung sowie

Harmonie sind wichtig. Nichts soll den sicheren Rahmen aus Familie und Freunden stören.

- **Konsummaterialisten**

  Der Konsummaterialist hat wenig Geld und das wenige, das er erwirtschaftet, nutzt er für Konsum, Vergnügen sowie Selbstverwirklichung. Experimente mag er nicht und trotzdem hat er sich von alten Traditionen längst gelöst, denn sie haben für ihn keine Bedeutung mehr. Zumindest nicht, solange er Sicherheit hat. Wenn diese entschwindet, sind ein Umdenken und eine Rückbesinnung denkbar. Ansonsten gilt: Wenn Traditionen noch beachtet werden, dann müssen sie sich der Konsumfreude unterordnen, was letztendlich bedeutet, dass dann aus Weihnachten eben X-mas und Halloween zum Großereignis wird, weil es eine weitere Möglichkeit zum Feiern bietet. Generell erscheinen das geistige Spektrum sowie die Interessen sehr überschaubar.

- **Angepasste**

  Der angepasste Durchwurstler gehört ebenfalls der Mittelschicht an und ist nur zu einem kleinen Anteil der Unter- oder Oberschicht zuzurechnen. Er schert sich nicht sehr um Traditionen, sondern ist anpassungsfähig und will schlicht nur gut und auf seine Art und Weise leben. Dafür ist Opportunismus ein Preis, den er zu zahlen bereit ist. Das tut er gerne, denn den Opportunisten kann man in jedem System brauchen. Trotz aller Flexibilität darf man dieser Gruppe allerdings niemals das grundlegende Sicherheitsgefühl nehmen.

- **Sensationsorientierte**

  Die Sensationsorientierten, die tendenziell der unteren Mittel- oder oberen Unterschicht angehören, lechzen nach dem Leben und dem Außergewöhnlichen. Das Neue zieht sie an und altbackene Traditionen sind für sie völlig irrelevant. Ihre Zeit verbringen sie lieber in der Schlange, die zum neuesten Smartphone führt, als irgendwelche Verpflichtungen anzunehmen.

- **Digitale Avantgarde**

  Der zukunftsgerichtete Weltbürger hält wenig von
  Traditionen und glaubt lieber an den Fortschritt,
  der den alten Muff zum Wohle aller hinwegfegen
  soll. Das Neue und das Außergewöhnliche interessieren ihn, der oft gut, aber selten sehr gut verdient.
  Experimente und Veränderungen sind Teil der
  DNS und das Verständnis, dass das nicht die komplette Gesellschaft so sieht, fehlt gelegentlich bis
  recht häufig. Selbstverwirklichung, Kreativität,
  Freiheit oder Individualismus kennzeichnen diese
  Gruppe ebenso wie das Streben nach einem eigenen Lebensstil.

- **Performer**

  Der – sehr gut verdienende – Performer bringt
  Leistung und fühlt sich dabei nicht an traditionelle
  Regeln gebunden, sondern nutzt den Fortschritt
  und alles Neue zu seinem Vorteil sowie ohne ideologische Einschränkungen. Innovative und eigen-
  sinnige Köpfe sind hier ebenso zu finden wie eis-
  kalte Technokraten, die ihre Performance in jedem

System bringen würden. Man ist flexibel und nutzt die Möglichkeiten. Letztlich zählt der Erfolg.

- **Intellektuelle**

  Die Intellektuellen haben die Tradition ebenfalls schon weit hinter sich gelassen und betrachten diese als hinderlich für das eigene Denken. Sie verfügen über ein hohes Einkommen, sinnieren sehr oft über die Probleme der Welt, haben aber bei Weitem nicht so einen großen Glauben an den Fortschritt wie andere Milieus. Lieber variiert man das Wissen von vorgestern, um die Zustände von gestern zu erklären. Im Moment wird dieses Milieu von pluralistischen und liberalen Gedankengängen dominiert.

Parallelen

Manchem Leser mag diese Aufzählung der Milieus wie eine Wiederholung vorgekommen sein, denn diese internationale Darstellung gleicht doch augenscheinlich der deutschen aus den vorherigen Kapiteln. Ja, die Namen mögen abgewandelt sein, doch die grundsätzliche Struktur ist durchaus ähnlich. Das ist selbstredend kein Zufall, denn tatsächlich fällt Deutschland selbstverständlich auch unter den Sammelbegriff „entwickelte Länder". Was bedeutet das aber? Nun, es ist nicht sonderlich schwer, an dieser Stelle auszusprechen, was offensichtlich ist:

> **Es ist ein globaler gesellschaftlicher Zerfall zu beobachten.**
>
> **Dieser erfolgt, zumindest in den entwickelten Ländern, auf eine vergleichbare Art und Weise.**

Es handelt sich damit mitnichten um ein deutsches Phänomen, sondern um ein internationales. Ob hingegen die Milieus, trotz gleicher Namen und Beschreibungen, stets über mehrere Gesellschaften hinweg verglichen werden können, bleibt fraglich und ist zu diskutieren.[30] Diese Auseinandersetzung kann aber nicht das Thema einer Monografie sein,

---

[30] Manche ja, manche weniger, doch machen wir das am Beispiel „Tradition" deutlich. In Italien beispielsweise ist der katholische Glaube noch weitaus tiefer verankert als in Deutschland. Während Waffenbesitz in Frankreich keine Norm an sich darstellt, würde das manch US-Amerikaner auf völlig andere Art und Weise beurteilen. Selbst wenn sich die Gesellschaften der entwickelten Länder daher aus ähnlichen Milieus zusammensetzen, darf nicht vergessen werden, dass diese mit nationalen oder gewachsenen soziokulturellen

die lediglich einen Einblick in das Thema gewähren möchte.

Eigenheiten angereichert werden. Hinzu kommt, dass sich einzelne Definitionen, wie z. B. die des Konservatismus, im Laufe der Zeit verändern können. Ein gutes Beispiel wäre hier die Haltung der Traditionellen zu den Themen Scheidung, Abtreibung, Nationalismus oder Homosexualität. Diese ist heute in vielen Teilen der westlichen Bevölkerung sicher eine andere als noch vor 50 Jahren, aber dennoch nicht in jedem Land gleich. Insbesondere in Milieus, in denen diese Unterschiede relevant sind, sind bei einer internationalen Vergleichbarkeit durchaus Einschränkungen zu machen.

Auf der anderen Seite jedoch gilt dies für viele weitere Milieus nur bedingt. Beispielsweise sind die Spaßgesellschaften, Performer oder die rein konsumorientierte Gruppe sicher international vergleichbar. Oft sind es exakt die gleichen Träume, Wünsche, Einstellungen und sogar Produkte, die sie vereinen. Es wundert daher nicht, dass diese Kategorien sich weitaus schneller vernetzen und in Berührung kommen als stark traditionsgebundene Lebenswirklichkeiten verschiedener Länder. Dennoch dürfen die Parallelen auch hier nicht übersehen werden, denn die globale Migration und Vernetzung führen dazu, dass auch Traditionen und konservative Werte exportiert, geschliffen sowie angeglichen werden, sobald sich Menschen auf Wanderschaft begegnen oder einfach nur miteinander kommunizieren bzw. sich gegenseitig beeinflussen. Doch darum ging es uns eigentlich nicht. Das sind nur Nebengedanken, die irgendwann zu einer späteren Zeit noch an Relevanz gewinnen könnten, jetzt aber nur benannt werden sollen.

Globaler Zerfall?

Die letzten Seiten haben gezeigt, dass wir in den entwickelten Staaten eine gesellschaftliche Veränderung sowie die Existenz zahlreicher Lebenswirklichkeiten, die parallel nebeneinander existieren, belegen können. Für den informierten Leser konnte diese Erkenntnis wohl kaum überraschend sein, muss er sie doch durch reine Beobachtung bereits erahnt haben. Zu offensichtlich sind die Indikatoren der Veränderung wie beispielsweise ein geändertes Wahlverhalten oder Tendenzen zu einer intensiven Protestkultur, um sie zu übersehen, und zu sehr werden auch die Menschen in den westlichen Ländern inzwischen mit einer Realität konfrontiert, die noch vor einigen Jahren undenkbar war. Ja, die entwickelten Länder mögen daher nach einem ähnlichen Muster in vergleichbare, wenn auch nicht identische Lebenswirklichkeiten zerfallen, doch ist dies auch ein Phänomen der weniger entwickelten Länder? Hier neigt vielleicht das Gefühl, nicht selten ein Feind der Wissenschaftlichkeit, dazu, dieses spontan zu verneinen, denn zu oft werden derartige Staaten mit homogener Rückständigkeit verbunden.

Doch waren das auch die Ergebnisse seriöser Studien? Tatsächlich weisen auch die weniger entwickelten Länder einen gesellschaftlichen Zerfall in viele Milieus auf, die in der Folge benannt werden sollen.

Soziale Milieus in nicht entwickelten Ländern[31]

- **Traditionelle Landbevölkerung**

  Diese umfasst die Gruppe der einkommensschwachen und größtenteils bildungsfernen Landbevölkerung, die immer wieder dem Kampf ums Dasein ausgesetzt ist und ihren Halt in Traditionen, sehr oft auch in der Religion sucht. Dabei müssen gar keine tiefgehenden Kenntnisse von Theologie oder Ideologien vorhanden sein; es genügt, wenn diese den Menschen anhand weniger Schlagworte und Leitsätze dargestellt wird. Autoritäten wird vertraut, weil man ihnen vertraut und das schon

---

[31] Folgender Link bietet eine grafische Aufbereitung der besagten Milieus und weiterführende Erläuterungen zur Methodik: https://www.sinus-institut.de/sinus-loesungen/sinus-meta-milieus-weltweit/.
Auch hier folgte wieder eine Anpassung an den Bedarf, d.h. Der Hintergrund ist ein kommerzieller und marktbezogen.

immer so war. Die Familie und die Vorherrschaft des Mannes kennzeichnen dieses Milieu auffällig oft. Häufig ist das Bild eines Landes in der westlichen Welt maßgeblich von dieser Kategorie geprägt.

- **Konservatives Establishment**

  Das konservative Establishment ist in der Regel traditionsverwurzelt und dient dem Milieu der traditionellen Landbevölkerung oft als Leit- und Vorbild. Dies betrifft im Besonderen das Einkommen, da sich diese „Schublade" der Mittel- und Oberschicht zurechnen lässt. Es herrscht ein Gefühl der natürlichen Führerschaft. Familie und die Stellung des Vaters stellen wichtige Kennzeichen für dieses Milieu dar.

- **Modernes Establishment**

  Das moderne Establishment hat sich von vielen Traditionen gelöst bzw. diese für sich modernisiert und/oder sie einem angenehmeren Lebensstil angepasst. Da es finanziell die obere Mittelschicht oder gar die Oberschicht bildet, ist das auch nicht

sonderlich schwer. Man ist, in einem angemesse-
nen Rahmen, liberal, tolerant und grenzt sich vom
konservativen Establishment ab.

- **Angepasster Mainstream**

  Der angepasste Mainstream verfügt über ein mitt-
  leres Einkommen, kennt noch Traditionen, versucht aber, diese so anzupassen, dass dem eigenen
  Streben nach einem besseren Leben nur wenig im
  Wege steht. Oft entsteht ein Gefälle, das nebeneinander existiert. Eine gewisse Balance, die sich finden musste: Ein Beispiel wäre hier die Nutzung
  von modernen Kommunikationsmitteln, aber
  gleichzeitige Forderung der Jungfräulichkeit der
  Frau bis zur Ehe.

- **Städtische Unterschicht**

  Stadtflucht ist ein zunehmendes Problem der
  Schwellenländer und wird in den nächsten Jahrzehnten zu immer größeren Metropolen führen.
  Man sucht, als armer Landbewohner, sein Heil in
  der Stadt und beginnt ganz unten, wenngleich stets
  ein wenig mit der Hoffnung auf den Aufstieg in

den Mainstream. Den wenigsten gelingt das, da es oft an Bildung und Aufstiegsmöglichkeiten mangelt. Ähnlich wie bei der Gruppe des angepassten Mainstreams werden manche Traditionen, so hinderlich sie auch erscheinen mögen, nicht verworfen, aber der Zweckmäßigkeit untergeordnet. Das nicht unbedingt freiwillig, denn dieses Milieu kämpft oft um das blanke Überleben und daher ist es nur natürlich, dass eine gewisse Form des Materialismus Bräuche oder Strukturen verdrängt.

- **Erfolgsorientierte**

  Die kleine Gruppe der Erfolgsorientierten stammt oft aus ärmeren Milieus und hat sich ein gutes Einkommen erkämpft. Dabei spielen Traditionen dann nur noch eine untergeordnete Rolle, denn es gilt, den Anschluss an die Neuzeit sowie Moderne zu finden und nie mehr abreißen zu lassen. Ganz aufgegeben wurden diese aber noch nicht und ein guter Rest bleibt erhalten.

- **Moderne Performer**

  Die modernen Performer umfassen den Teil der Oberschicht, der sich international orientiert und die junge ökonomische Elite des Landes bildet, sich aber nicht mehr durch Traditionen einschränken lässt. Mut, Effizienz, Leistung und Effektivität bestimmen ihr Leben.

- **Digitale Avantgarde**

  In dieser Kategorie werden die Vorkämpfer für eine moderne und kosmopolitische Gesellschaft verortet. Der Individualismus dominiert und Selbstverwirklichung ist das Ziel. Der Westen ist das Vorbild und Freiheit ein wichtiger Wert. Interesse an Traditionen besteht kaum mehr und sie werden für diese Zielsetzung überwiegend als hinderlich betrachtet.

- **Monetäre Hedonisten**

  Unter den monetären Hedonisten versteht man die Vertreter der geldfixierten Spaßgesellschaft, deren Lebensziele in erster Linie durch Konsum befriedigt werden. Man ist in der Regel entwurzelt, modern und hat mit Traditionen wenig zu schaffen. Im Gegenteil sind Konfliktsituationen fast unvermeidlich. Das Leben soll gut sein und man folgt gerne jedem Trend, der Modernität der westlichen Kultur verheißt. Finanziell und bildungstechnisch zählt man trotzdem überwiegend zur Unterschicht.

Globale gesellschaftliche Veränderungen

Während der analoge Zerfall der Gesellschaften in den „entwickelten Ländern" den kundigen Leser vermutlich wenig überrascht hat,[32] so mag es ihn doch verwundern, dass ein vergleichbarer Vorgang auch in jenen Staaten zu beobachten ist, bei denen es weniger zu vermuten gewesen wäre. Die Empirie lebt allerdings nicht von Vermutungen oder dem Gefühl und so sind auch bei den Entwicklungsländern massive Veränderungen in den gesellschaftlichen

---

[32] Hier sei nur auf die allgegenwärtigen gesellschaftlichen Konflikte verwiesen, die in der westlichen Welt mittlerweile allpräsent sind und die Formel von der „zerrissenen Gesellschaft" geprägt haben.

Strukturen zu beobachten.[33] Damit lässt sich bilanzieren, dass es sich bei der Erosion um ein globales und nicht um ein lokales Phänomen handelt.

> **Die heutigen Gesellschaften sind daher in der Regel nicht homogen oder gemäßigt heterogen, sondern setzen sich aus vielen Milieus mit unterschiedlichsten Lebensweisen und Wertvorstellungen zusammen.**

Mit dieser Feststellung haben wir einen wichtigen Meilenstein erreicht, denn letztendlich ist es nun möglich, die eingangs in diesem Kapitel genannten Thesen zu bestätigen:

- **Eine vollkommen homogene oder überwiegend homogene Gesellschaft gibt es nicht.**

- **Die Gesellschaft ist längst in viele Teile (Milieus) zerbrochen, die unterschiedliche, sich teilweise widersprechende Lebenseinstellungen, Werte oder Verhaltensmuster aufweisen.**

---

[33] Herbei sei allerdings angemerkt, dass das Datenmaterial seine Grenzen hat. Dieses Problem wird aber stetig bleiben: Aufwendige Erhebungsmethoden laufen der Aktualität in einer dynamischen Zeit immer hinterher und die Lücken müssen letztendlich denkerisch geschlossen und abgeleitet werden.

- **Der Zerfall ist kein europäisches oder westliches Phänomen, sondern kann global beobachtet werden.**

- **Die Erosion zeigt ein Muster auf und ist noch nicht abgeschlossen.**

Für jede der genannten Thesen wurden gewichtige Indizien und Belege dargelegt. Mehr benötigt es für den Moment nicht und das Fundament für die späteren Kapitel kann als errichtet betrachtet werden.

Und doch sollten wir nun kritisch weiterfragen und uns des viel gerühmten Verstandes bedienen: Die Erosion der Milieus mag eine Tatsache sein, aber sie ist doch letztendlich nur eine Folge. Womöglich keine Basis, sondern nur eine Möglichkeit des Einstieges in die Tiefe der Materie.

Was aber ist die Ursache für diesen beschleunigten Zerfall? Mit dieser Frage sollen sich die folgenden Seiten beschäftigen.

1.3 Ursachen gesellschaftlicher Entwicklungen

„Gesellschaften meinen vielleicht, den Zeitenwandel ig-
norieren zu können. Er wird sie aber nicht ignorieren,
sondern verändern."

Auf den vorherigen Seiten konnte dargelegt werden, dass es in der jüngeren Vergangenheit gravierende gesellschaftliche Veränderungen gab. Ein Zerfall in immer mehr Milieus ist zu beobachten und dieser Trend setzt sich unaufhaltsam fort. Fragt man nach der Ursache dieser Entwicklung, fällt zumeist das Stichwort Individualisierung als gängiges Erklärungsmuster.[34] Dass ein Zusammenhang zwischen der Individualisierung sowie dem Zerfall der Milieus besteht, ist unbestritten, aber ist sie die Ursache oder nur ein weiteres, in Wechselwirkung stehendes Phänomen, das der richtigen Einordnung bedarf? Zudem sind spätestens

---

[34] In der Soziologie wird so der Verlauf des Übergangs des Individuums von der Fremd- zur Selbstbestimmung (in bestimmten Ländern) beschrieben; wie wir noch sehen werden eine unpassende Definition (vgl. Kapitel 2, Verhaltenskapitalismus).

seit dem Ende des Zweiten Weltkriegs Individualisierungstendenzen nachweisbar,[35] aber warum wurde aus dem langsamen Fluss erst in den letzten beiden Jahrzehnten mehr
und mehr ein reißender Strom? Was langsam und kontinu-
ierlich vor sich hinwanderte, sprintet nun in atemberauben-
der Geschwindigkeit. Ja, das Thema Individualisierung wird
uns noch beschäftigen, allerdings soll an dieser Stelle jene
Kraft interessieren, die hinter der Dynamisierung dieser
Entwicklung steckt. Dabei sei angemerkt, dass es nicht ganz
korrekt wäre, den Singular zu benutzen, denn tatsächlich
handelt es sich um eine Vielzahl an Variablen. Viele davon
lassen sich allerdings griffig in einen Begriff bündeln: den
des Zeitenwandels. Aber wie genau ist er zu definieren?

**Unter einem Zeitenwandel versteht man einen zeitli-
chen Abschnitt, in dem sich dessen einzelne Elemente
auf eine solche Art und Weise dynamisch gegenseitig
beeinflussen, dass diese eine Neuordnung der bisherigen (globalen) Machtverhältnisse bewirken können.**

---

[35] Dieser Zeitraum wird in einem späteren Kapitel noch näher
betrachtet werden.

Diese Elemente sind:[36]

1.) Umgang mit dem technologischen Fortschritt (z. B. Digitalisierung, Verhaltenskapitalismus, Homo stimulus, Biotechnologie, KI, Optimierung des Menschen),

---

[36] An dieser Stelle wird ein Bezug zum aktuellen Zeitenwandel hergestellt. In einer allgemeinen Theorie würde beispielsweise der Punkt „Schwäche der westlichen Welt" durch „Schwäche der bislang dominierenden Systeme" ersetzt werden. Für den allgemeinen Aufstieg und Fall von Nationen oder Machträumen bietet sich dagegen folgende Übersicht an:

Der Aufstieg und Fall von Nationen

2.) Aufstieg neuer Konkurrenten auf den Weltmärkten (z. B. asiatische Staaten),

3.) Schwäche der westlichen Welt (z. B. durch Instabilität, schwindendes Vertrauen in bestehende Ordnungen, Verlust von Wettbewerbsfähigkeit oder den politischen Aufstieg Chinas),

4.) Veränderung der Umweltbedingungen (z. B.
durch Klimawandel, Pandemien,[37] Ressourcenausbeutung oder Umweltzerstörung),

5.) Fehlen von Perspektiven bei einem Teil der
Menschheit (z. B. durch Überbevölkerung o-
der unbefriedigte Grund- und Sicherheitsbedürfnisse).

Die Kombination dieser sich wechselseitig beeinflussenden
Kräfte hat letztendlich einen Druck auf die Gesellschaften

---

[37] Covid-19 stellte wird beispielsweise ein starker
Dynamisierungsfaktor sein. Er beschleunigt allerdings nur
Entwicklungen, die bereits ihren Weg eingeschlagen haben.
Die Pandemie ist nur ein Teilaspekt des Zeitenwandels.

ausgelöst, welcher zum einen deren Zerfall massiv beschleunigt und dynamisiert sowie zum anderen einen beispiellosen Individualisierungsprozess[38] ausgelöst hat.

Selbstverständlich ist die Begrenzung auf die gesellschaftliche Ebene eine künstliche. Schon die Definition des Zeitenwandels sollte verdeutlichen, dass es sich um ein umfassendes globales Phänomen handelt, das nur wenige Strukturen unangetastet bleiben lassen wird. Es würde sich hier zweifelsfrei lohnen, jedes der Elemente näher zu betrachten, allerdings würde das in einem Buch, das sich auf einen bestimmten Schwerpunkt festlegen muss, jeden Rahmen sprengen.[39]

---

[38] Bei Diskussionen ist immer wieder festzustellen, dass oft der Individualisierungsprozess mit persönlicher Freiheit gleichgesetzt wird. Tatsächlich ist eine derartige Gleichsetzung nicht möglich, denn die Individualisierung erfolgt in einem (unsichtbaren) Rahmen (vgl. kollektiver Individualismus). Diese Monografie hat daher einen anderen „Individualisierungsbegriff", was aber in den folgenden Kapiteln noch klarer werden wird.

[39] Im fünften Kapitel soll allerdings trotzdem noch einmal der Hauch eines Blickes über den gesellschaftlichen Rand gewagt werden.

Manch Leser mag nun einwenden, dass zwar jedes der genannten Elemente unbestritten Einfluss ausübt, aber die Notwendigkeit der Bündelung in einem Begriff nicht bestünde. Diese Meinung lässt sich vertreten, allerdings sei eingewandt, dass besagte Zusammenfassung den Themenkomplex greifbarer und konkreter macht. Ein Schlagwort und damit ein schneller Reiz, der sofort Assoziationen wecken kann, und eine Methode, die keinesfalls unüblich ist.[40]

Zudem würde eine einzelne Aufzählung den Dynamisierungsprozess und die Wechselwirkungen schlicht unterschlagen oder zumindest stark vernachlässigen. Die reine Einzelbetrachtung eines Phänomens ist aber ein Luxus, den man sich im 21. Jahrhundert nicht mehr leisten sollte, da die Mechanismen der Veränderung unmittelbar wirken und

---

[40] Spätestens in Kapitel 3 wird deutlich werden, warum genau der kurze und prägnante Reiz im 21. Jahrhundert von zentraler Bedeutung ist. Bezüglich der Üblichkeit sei auf Begriffe wie „Globalisierung" verwiesen, die ebenfalls als Bündelung für ganz mannigfaltige Elemente dienen.

langfristige Konsequenzen für alle nach sich ziehen werden.[41] Selbstverständlich, auch ohne den Zeitenwandel hätte eine Tendenz zur Individualisierung und zur Milieuerosion bestanden – allerdings deutlich langsamer, übersichtlicher und damit beherrschbarer. Die gesellschaftliche Entwicklung der letzten Jahre hätte sich aber vermutlich über mehrere Jahrzehnte erstreckt und es wäre genug Zeit geblieben, sich darauf einzustellen. Macht es aber Sinn, darüber zu spekulieren? Zeitenwandel ist in der Geschichte nicht ungewöhnlich, nicht vermeidbar und demnach lässt sich seine Definition auch auf beliebige Zeitpunkte der Geschichte ausdehnen.[42]

---

[41] Der Autor legt daher, wie es sich erahnen lässt, größten Wert auf Wechselwirkungen und eine entsprechend umfassende und interdisziplinäre Sicht.

[42] Selbstverständlich kann diese vollmundige Behauptung kritisch hinterfragt werden, zumal dafür keine Beispiele folgen. Der Transfer ist, und das sei eine zu verzeihende persönliche Anmerkung, im ursprünglichen Skript auch geschehen. Trotzdem gehört dieser Punkt ebenso wenig in diese Monografie wie die detaillierten Ausführungen zu den einzelnen Punkten des aktuellen Zeitenwandels. Dies würde jeden Rahmen sprengen und vom Wesentlichen, den Theorien zur gesellschaftlichen Entwicklung im 21.

Doch das Interesse sollte dem aktuellen gelten, denn die Folgen seiner andauernden Wucht werden noch Jahrzehnte wirken und die Gesellschaften weiter zersplittern und verändern. Am Ende könnte zudem eine Neuordnung der globalen Kräfteverhältnisse stehen. Letztendlich ist dafür aber der Umgang mit seinen Elementen entscheidend. Es ist eine Periode der Möglichkeiten. Ob sie zum Erhalt des Status quo oder zu einer Verschiebung genutzt werden, wird sich zeigen.[43]

Wir befinden uns daher in einer Phase der dauerhaften Veränderung und sind dadurch in ein neues Zeitalter eingetreten: in jenes des kollektiven Individualismus.[44] Doch davon

---

Jahrhundert, ablenken. Für einen Autor eine schwere Entscheidung, aber eine notwendige.

[43] Beispielsweise gehen wirtschaftliche Prognosen davon aus, dass China im Jahr 2030 ein größeres BIP als die USA haben wird, während sich diese wiederum mit Indien den zweiten Platz teilen werden. Einer wirtschaftlichen Verschiebung folgt in der Regel aber stets auch eine der politischen Macht. Als Quelle sei auf die Studien der OECD verwiesen: https://www.oecd.org/berlin/statistiken/.

[44] Unter einem kollektiven Individualismus wird ein Individualismus verstanden, bei dem das Individuum so eingebettet wird, dass die individuelle Selbstentfaltung

zu einem späteren Zeitpunkt mehr, denn die Voraussetzungen des Verstehens wurden noch nicht geschaffen.

Die Folgen des Zeitenwandels für das Individuum

Was bedeutet der aktuelle Zeitenwandel für die Gesellschaft? Stetige Beeinflussung und Veränderung. Des Einzelnen, der Gesellschaft, der Wirtschaft, der Politik, der technologischen Entwicklung – es gibt wenig, was nicht tangiert wird.

Vielleicht ist es aber am sinnvollsten, das Ganze auf das Individuum herunterzubrechen, das mit einer Vielzahl von Einwirkungen konfrontiert wird, die, im Gegensatz zu früheren Zeiten, auch vor dem intimsten Privatleben nicht haltmachen wollen und oft nicht sollen. Grob lässt sich die Beeinflussung in zwei Kategorien einteilen: <u>einerseits in die direkte Konfrontation, die den einzelnen Menschen selbst betrifft und verändert, andererseits in die gesellschaftliche Entwicklung, die indirekt wirkt.</u> Diese Einteilung ist eine unscharfe, da eine womöglich suggerierte Abgrenzung sich

---

innerhalb eines nicht oder kaum sichtbaren Rahmens erfolgen kann. Der kollektive Individualismus ist zugleich die Bezeichnung einer Zeitperiode.

überschneidender Faktoren oft nicht möglich oder sinnvoll erscheint, aber sie soll zu Zwecken der Übersicht – für den Moment – als Hilfskonstruktion dienlich sein.

- Auf der Individualebene wird der Einzelne durch die entstandene Reizgesellschaft und den Verhaltenskapitalismus mit einer völlig neuen Art von Stimuli konfrontiert, die letztendlich die Frage aufwerfen, ob sich der Mensch selbst nicht zum neuen Menschen, dem Homo stimulus, gewandelt hat oder noch wandeln wird. Diese Aspekte werden uns in den Kapiteln 2 und 3 beschäftigen.

- Auf der Kollektivebene sind die Folgen der Milieuzugehörigkeit und des Milieuzerfalls zu diskutieren. Ebenso, ob Individualisierungstendenz und gesellschaftliche Rolle nicht das Potenzial zu schwerwiegenden Konflikten haben. Diesen Punkten werden wir uns im vierten Kapitel annähern.

- Hinzu kommen individuelle Vorprägung, bisherige Erfahrungen und die eigene Veranlagung, die natürlich für das tatsächliche Verhalten weiter ihren

Beitrag leisten, in dieser Monografie allerdings größtenteils ausgeklammert werden sollen.

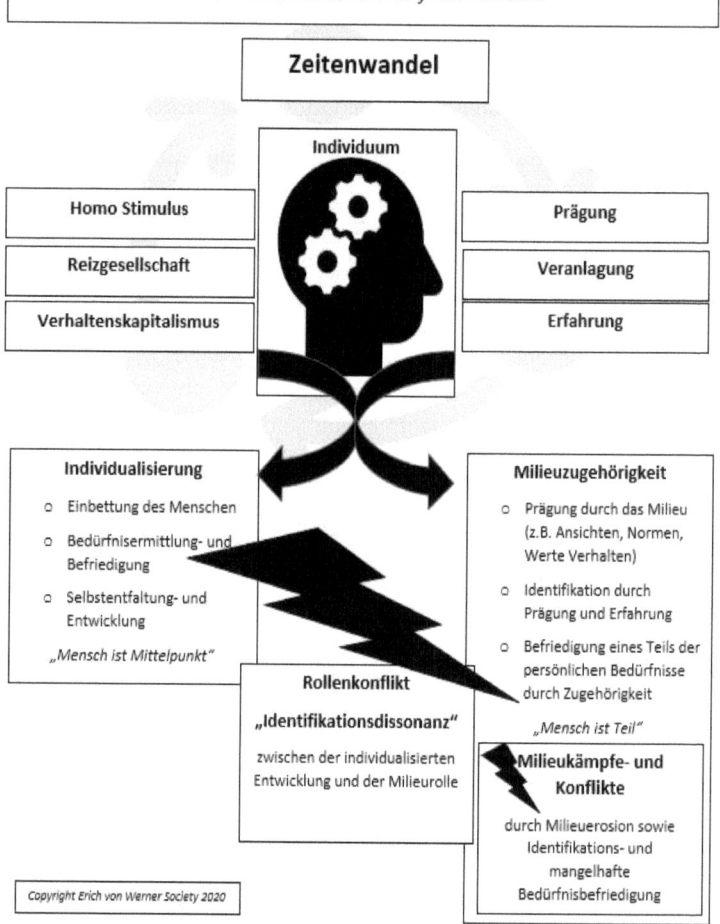

Einflüsse auf das Individuum im Zeitalter des kollektiven Individualismus des 21. Jahrhunderts

Zeitenwandel

Individuum

Homo Stimulus

Reizgesellschaft

Verhaltenskapitalismus

Prägung

Veranlagung

Erfahrung

Individualisierung

○ Einbettung des Menschen

○ Bedürfnisermittlung- und Befriedigung

○ Selbstentfaltung- und Entwicklung

„Mensch ist Mittelpunkt"

Milieuzugehörigkeit

○ Prägung durch das Milieu (z.B. Ansichten, Normen, Werte Verhalten)

○ Identifikation durch Prägung und Erfahrung

○ Befriedigung eines Teils der persönlichen Bedürfnisse durch Zugehörigkeit

„Mensch ist Teil"

Rollenkonflikt

„Identifikationsdissonanz"

zwischen der individualisierten Entwicklung und der Milieurolle

Milieukämpfe- und Konflikte

durch Milieuerosion sowie Identifikations- und mangelhafte Bedürfnisbefriedigung

Für den Moment und in den beiden folgenden Kapiteln wollen wir uns demnach dem Individualismus widmen, der letztlich als ein Mechanismus der Einbettung und nicht als eine Befreiung von der Fremdbestimmung verstanden werden sollte.[45] Um den Gesamtkontext verstehen und der Komplexität gesellschaftlicher Entwicklung gerecht werden zu können, erweist sich dies als unabdingbar. Jedoch bedarf es hierfür eines geistigen Sprunges in eine andere Disziplin – nämlich in die Ökonomie: Denn wir müssen verstehen, welchen Einfluss der Zeitenwandel hier genommen hat und welche Rolle er bei der Dynamisierung und Beschleunigung von Individualisierungstendenzen spielt und in naher Zukunft noch spielen wird. Dabei ist eine umfangreiche Detailbetrachtung im Rahmen einer kurzen Monografie selbstredend nicht möglich und auch nicht sinnvoll. Daher beschränken wir uns im folgenden Kapitel auf die wichtigste ökonomische Entwicklung des 21. Jahrhunderts: die Schaffung einer neuen Spielart des Kapitalismus – des Verhaltenskapitalismus.

---

[45] Gemeint ist hier die Einbettung im Sinne des Verhaltenskapitalismus und mit Bezug auf den Homo stimulus. Beides wird aber noch separat erörtert.

Weiterführende Literatur

Es ist immer eine grundsätzliche Frage, welche Literatur ihre Aufnahme in ein entsprechendes Verzeichnis finden soll. Nach einer weitreichenden Erörterung erscheint es am sinnvollsten, sich an dieser Stelle auf das Wichtigste zu beschränken und auf die Angaben allgemeiner und helfender Quellen zu verzichten. Es handelt sich - wie mehrfach betont – um ein Buch, das sich an eine breite Leserschaft wendet, nicht um eine Abschlussarbeit, bei der andere Kriterien im Bereich der langwierigen Herleitungen angelegt werden. Macht es daher Sinn, wenn beispielsweise kurz auf Tacitus, Darwin, Freud, Haeckel, Mendel, de Gobineau, Le Bon oder Marx verwiesen wird, jedes Werk zu dokumentieren? Nein, aus Sicht der Lesbarkeit und der Schwerpunktsetzung nicht, denn im Mittelpunkt sollen neue Theorien, Modelle und Ergänzungen stehen. Manche von diesen erleben ihre Premiere, aber auch die restlichen Elemente wurden erst vor sehr kurzer Zeit öffentlich publiziert. Das hat zur Folge, dass in den Quellen – wenig überraschend – auch immer wieder auf eigene Publikationen zurückgegriffen werden muss. Das kann allerdings nicht verwundern, stammen die Ideen doch aus einer Feder und bedürfen Zeit zur

Durchdringung. Für die 4. Auflage wurde das Verzeichnis angepasst und auf weitere Werke, primär zum Zwecke der Vertiefung, verwiesen.

- Bertram Barth und weitere – **Praxis der Sinus-Milieus® – Gegenwart und Zukunft eines modernen Gesellschafts- und Zielgruppenmodells.** Springer-Verlag, 24.10.2017, ISBN-13: 978-3-658-19335-5.

- Rolf Frankenberger Siegfried Frech (Herausgeber) - **Soziale Milieus: Lebenswelten in Deutschland,** Wochenschau-Verlag, 26.07.2017 ISBN-13: 978-3734405013

- Mathias Albert und weitere - 2019 – **18. Shell Jugendstudie: Eine Generation meldet sich zu Wort,** Beltz-Verlag. 15.10.2019, ISBN-13: 978-3734405013

- Heinzpeter Hempelmann, Berthold Bodo Flaig (Autor) - **Aufbruch in die Lebenswelten: Die zehn Sinus-Milieus® als Zielgruppen kirchlichen Handelns,** Springer VS, 20.08.2019, ISBN-13: 978-3658262976

2. Aufstieg des Verhaltenskapitalismus

„Der Kapitalismus kennt heute drei Spielarten: den klassischen Kapitalismus, den Finanzkapitalismus und den Verhaltenskapitalismus.

Der erste wurde verstanden, aber nie überwunden, der zweite wurde nie wirklich begriffen und dadurch gestützt und vom dritten gibt es oft noch nicht einmal eine Ahnung."

Vor ungefähr 500 Jahren soll er durch die deutschen Lande gezogen sein. Gab sich als Arzt aus, als Astrologe, Wunderheiler und Alchemist. Er spielte mit seinem Publikum und das dankte es ihm mit Bewunderung und einem gelegentlichen Davonjagen. Er schürte Neugier. Kanalisierte Ängste und Sorgen. Offerierte Lösungen für Probleme. Ein Liebestrank? Kein Problem! Ein Horoskop? Warum nicht? Ärztliche Dienstleistungen aller Art? Natürlich! Kurz gesagt, er befriedigte Bedürfnisse, für die andere keine oder keine ausreichenden Lösungen anboten. Die Rede ist von Johannes Faust (1480–1541), den erst der Volksmund und später Johann Wolfgang von Goethe weltberühmt gemacht haben: Dr. Faustus.[46]

Ein cleverer Selbstvermarkter? Ein wahrhaftig Eingeweihter? Ein übler Scharlatan? Wir werden es nie erfahren, denn die Quellenlage ist zu dürftig und der Rest nur Sage und Ausschmückung. Nun war Faust ein buntes Individuum, doch seine Methoden waren keinesfalls eine Besonderheit, denn fast zeitgleich blühte in Europa der Ablasshandel.

---

[46] Selbstverständlich gab es bereits vor Goethe einige literarische Aufarbeitungsversuche, allerdings bleibt die Variante des deutschen Dichterfürsten die berühmteste. Er selbst sah darin gar nicht so viel Tiefe verborgen, allerdings ist es durchaus möglich, dass es sich um klassisches Understatement handelt:
„Die Deutschen sind übrigens wunderliche Leute! – Sie machen sich durch ihre tiefen Gedanken und Ideen, die sie überall suchen und überall hineinlegen, das Leben schwerer als billig. – Ei! so habt doch endlich einmal die Courage, Euch den Eindrücken hinzugeben, Euch ergötzen zu lassen, Euch rühren zu lassen, Euch erheben zu lassen, ja Euch belehren und zu etwas Großem entflammen und ermutigen zu lassen; aber denkt nur nicht immer, es wäre Alles eitel, wenn es nicht irgend abstrakter Gedanke und Idee wäre! Da kommen sie und fragen: welche Idee ich im Faust zu verkörpern gesucht? Als ob ich das selbst wüsste und aussprechen könnte".
Zitiert nach Johann Peter Eckermann, einem engen Freund Goethes.

„Sobald das Geld im Kasten klingt, die Seele in den Himmel springt", wer kennt diesen berühmten Ausspruch Johann Tetzels (1460–1519)[47] nicht, mit dem der Mönch auf den Marktplätzen für seine „Wertpapiere" und „Versicherungen" gegen das ewige Feuer warb und damit nicht nur seinen Lebensunterhalt, sondern auch den manches Würdenträgers sicherstellte? Beide, sowohl Faust als auch Tetzel, hatten – zeitweise – den berühmt-berüchtigten Nerv getroffen und konnten ihren Zielgruppen etwas anbieten, was für diese von ausgesprochenem Wert erschien.

Doch was genau war letztendlich die Grundlage für den Erfolg der beiden Herren? Irgendwelche Papierfetzen oder Mittelchen? Wohl weniger. Auftritt und Suggestion? Sicher, aber auch das hätte ihnen wenig genutzt, wenn es den Faktor des passenden menschlichen Verhaltens nicht gegeben hätte. Ist es nicht ein nutzbarer Rohstoff, der nur veredelt werden muss? Und genau dieser soll nun in den Mittelpunkt einer Erzählung der Moderne rücken.

---

[47] Der Ausruf wird Johann Tetzel zumindest zugeschrieben, wobei das schriftliche Werk Martin Luthers wenig zimperlich dabei war, ihm so manche Untat anzudichten.

2.1 Grundthesen des Verhaltenskapitalismus

„Je komplexer die Realität, umso einfacher das Wegschauen."

Der Grundgedanke des Verhaltenskapitalismus ist ein simpler: Der Zeitenwandel hat die Möglichkeiten der Abschöpfung menschlichen Verhaltens so erweitert, dass das Verhalten nicht mehr nur, man erinnere sich an die Beispiele der längst verblichenen Herren Faust und Tetzel, als nutzbarer Rohstoff oder Kalkül betrachtet werden kann, sondern als Produktionsfaktor, der als Grundlage für eine ganz neue Form von Erzeugnissen dient und am Ende eine ganz eigene Spielart des Kapitalismus geschaffen hat.

Durch neue Technologien, die Etablierung der Reizgesellschaft und die Möglichkeiten der maschinellen Abschöpfung entsprang dem reißenden Hauptstrom des klassischen Kapitalismus erst ein kleiner Nebenfluss, der sich aber schnell ebenfalls zum gefährlichen Gewässer entwickelte. Eine Evolution, die wir bereits beim Finanzkapitalismus erleben durften, der eine ähnliche Transformation durchlief.

Die Frucht war zwar am Baume des klassischen Kapitalismus entstanden, aber der Samen fiel zu Boden und wuchs
dort im erstaunlichen Tempo heran. Es liegt daher in der

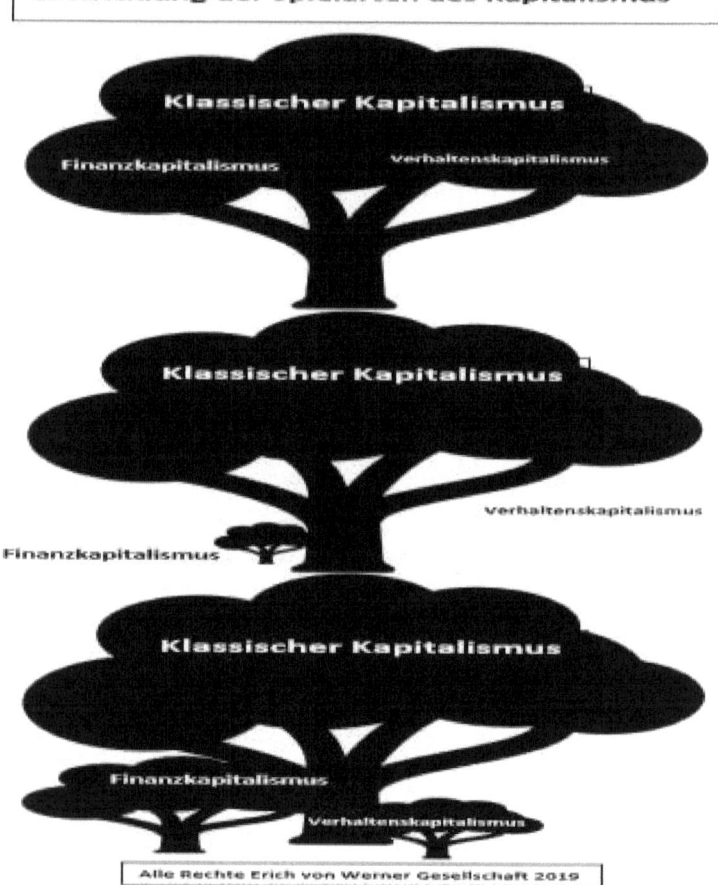

Natur der Marktwirtschaft – und das sei völlig wertfrei betrachtet –, Möglichkeiten zu nutzen, sobald sie sich ergeben und der Zeitenwandel brachte deren viele.[48] Es wundert daher kaum, mit welcher Geschwindigkeit große Technologiekonzerne, wie z. B. Amazon, Facebook oder Google, entstanden und begannen, Daten zu sammeln, sobald es die Chance dazu gab. So war es nur folgerichtig, Verhalten nach kapitalistischen Methoden zu nutzen und den Menschen Stück für Stück einzubetten. Algorithmen und Automation machten das möglich, wozu Menschen früherer Tage gar nicht fähig gewesen wären: mit gigantischer Geschwindigkeit ein Maximum an Daten zu sammeln und diese so schnell auszuwerten, dass daraus eigenständige Produkte kreiert werden können, deren Absatz Gewinn verspricht. Aus dem Rohstoff und bloßen Produktionsmittel wurde der Produktionsfaktor eines neuen Kapitalismus: Verhaltenskapitalismus. Dabei, und dies sei erneut betont,

---

[48] Man erinnere sich auch an folgendes Zitat des Ökonomen Adam Smith (1723–1790):
„[..] Der natürliche Lauf der Dinge kann durch die ohnmächtigen Bemühungen des Menschen nicht gänzlich beherrscht werden. Der Strom ist viel zu rasch und zu stark, als dass der Mensch ihm Einhalt gebieten könnte. [..]"

ist die Entwicklung des Verhaltenskapitalismus als logische und zwangsläufige Weiterentwicklung des Kapitalismus an sich zu betrachten. Nicht Google & Co. haben ein Geschäftsmodell entwickelt, wie an mancher Stelle behauptet wird,[49] sondern der Zeitenwandel hat dem Kapitalismus eine neue Richtung eröffnet, welche von den Technologiekonzernen lediglich eingeschlagen wurde. Die Theorie des Verhaltenskapitalismus stellt daher folgende Thesen auf, die in der Folge näher behandelt werden sollen:

---

[49] Als Beispiel sei auf folgendes Zitat verwiesen:
„Erfunden wurde der Überwachungskapitalismus von einer spezifischen Gruppe von Menschen, zu einem spezifischen Zeitpunkt, an einem spezifischen Ort. Er ergibt sich zwangsläufig weder aus der digitalen Technologie noch aus dem Informationskapitalismus. Er wurde bewusst geschaffen [..]". Zitat nach Zuboff, Shoshana, Das Zeitalter des Überwachungskapitalismus. Campus Verlag, 04.10.2018, S. 108 f.
Dieser Ansicht wird widersprochen. Sie könnte sogar gefährlich sein, da sie suggeriert, dass es genügen würde, einige wenige Konzerne unter Kontrolle zu bringen, um die negativen Seiten des Verhaltenskapitalismus erfolgreich bekämpfen zu können. Ein Irrglauben, der beispielsweise völlig den gelenkten Kapitalismus östlicher Prägung (vgl. China) ausblendet, bei dem der Staat massiven Einfluss auf die Verhaltenskapitalisten (z. B. Tencent, Ali Baba & Co.) hat.

- Menschliches Verhalten ist ein nutzbarer Rohstoff.

- Dieser Rohstoff entwickelte sich durch den technologischen Fortschritt zu einem Produktionsfaktor.

- Besagter Produktionsfaktor hat zu neuen Geschäftsmodellen geführt, die inzwischen einen massiven Einfluss auf das wirtschaftliche, politische und gesellschaftliche Leben ausüben.

- Daher ist von einer neuen Spielart des Kapitalismus zu sprechen: dem Verhaltenskapitalismus.

- Diese neue Form des Kapitalismus wird noch nicht als eine solche begriffen, was die Gefahr mit sich bringt, dass sie Macht- und Marktverhältnisse schafft, die sich später kaum oder nur sehr schwer korrigieren lassen.

2.2 Grundlagen des Verhaltenskapitalismus

„Alles Ding kann zum Wohle, aber auch zum Weh genutzt werden."

Die Welt erlebt einen Zeitenwandel. Dieser erfolgt dynamisch und schnell – und an welcher Stelle ist dies deutlicher zu erkennen als am technologischen Fortschritt, der kraftvoll und mit einem unglaublichen Tempo das persönliche sowie das gemeinschaftliche Leben verändert und beinahe kein Feld, sei es Politik, Gesellschaft oder Wirtschaft, unberührt lässt. Im Rahmen dieses Prozesses haben sich Einflussverhältnisse verschoben und neue begründet. Das alles geschah aber beinahe unmerklich, fast schleichend im Schatten stehend und doch am Ende so gut wie alles tangierend. Technologie bedeutet mehr denn je Macht und dieser spezielle Einfluss durch die smarte Welt findet sich heute in der westlichen Hemisphäre bei einigen wenigen Unternehmen erstaunlich gebündelt. Diese haben aber naturgemäß wenig Interesse daran, die Risiken ihrer Tätigkeit allzu öffentlich darzulegen, da sie primär in ihrem Tun Chancen sehen und nicht die Gefahren.[50] Wer will es ihnen verdenken? Doch wie viele verstehen ihre Geschäftsmodelle? Kamen sie nicht scheinbar aus dem Nichts, diese milliardenschweren, heute nicht mehr wegzudenkenden Unternehmen?

Dieser neue Einfluss der großen Technologiekonzerne, die oft erst wenige Jahre existieren, verblüfft und erstaunt ebenso wie die Entwicklung, dass deren Produkte mit rasender Geschwindigkeit ein unverzichtbarer Teil des Alltags vieler Menschen sowie der Gesellschaft werden konnten. Eine lautlose Eroberung, und doch handelt es sich um weitaus mehr als nur geschickte Geschäftsmodelle, die sich problemlos in das Bestehende einfügen lassen. Diese Unternehmen sind lediglich Spieler auf einem Feld, das ihre Existenz und ihr Wachstum erst ermöglicht hat. Es handelt

---

[50] Es sei an dieser Stelle daran erinnert, dass der technologische Fortschritt ein wesentliches Element des Zeitenwandels darstellt. Dieser benötigt aber natürlich immer auch entsprechende Rahmenbedingungen und Wechselwirkungen.

sich dabei um eines, das bislang noch zu oft unterschätzt und nicht erkannt wird: das des Verhaltenskapitalismus.

Mit diesem Begriff erhält das Gefühl für die Verschiebung von Machtverhältnissen einen ordnenden, fundierten Rahmen und wird begreiflich. Die Akkumulation von Macht kann sich nicht mehr hinter den Mechanismen des Neuen verstecken, sondern tritt klar erkennbar ins Licht. Eine Notwendigkeit, denn ein schrankenloser und ungezügelter Verhaltenskapitalismus ist noch gefährlicher als ein wütender Finanzkapitalismus, denn er benötigt nicht nur Kapital, sondern den Menschen als Ganzes zur Aberntung. Immer und jederzeit. Er braucht die menschliche Individualisierung und lässt sich von ihr vielleicht irgendwann nicht mehr unterscheiden.[51]

---

[51] Ein gewagter Satz, welcher der gängigen Definition von Individualisierung als Übergang von der Fremd- zur Selbstbestimmung zu widersprechen scheint und dies in Teilen auch tut. Dass er aber seine Berechtigung hat, werden dieses und die nächsten Kapitel zeigen: Der Individualismus ist ein kollektiver und die Entfaltung erfolgt letztendlich innerhalb eines unsichtbaren Rahmens. Das kann Selbstentfaltung und Selbstbestimmung bedeuten, aber auch Beherrschung und Manipulation.

Ja, das Phänomen war fühlbar. Nun findet es seine Analyse und Ordnung. Der Verhaltenskapitalismus muss daher identifiziert und gedeutet werden, um den Umgang mit ihm selbstbewusst und positiv gestalten zu können. Das wilde Pferd benötigt Dressur, sonst wird es am Ende durchgehen und nicht mehr einzufangen sein.

Vereinzelt, und das sei angemerkt, gibt es bereits weitere Versuche, der neuen Zeit eine verbalisierte Form zu verleihen, wobei insbesondere Shoshana Zuboffs Konzept des Überwachungskapitalismus zu nennen ist.[52] Allerdings greift dieses, und man verzeihe mir diese Worte, zu kurz, um die entsprechenden globalen Veränderungen ausreichend darzulegen, und konzentriert sich zudem stark auf etwaig negative Aspekte einer rasenden Entwicklung, die sowohl Segen als auch Fluch – die Wahrheit liegt in der Regel in der Mitte – sein kann.[53]

---

[52] Zuboff, Shoshana, Das Zeitalter des Überwachungskapitalismus. Berlin: Campus Verlag. ISBN 9783593509303.

[53] Eine Auseinandersetzung mit Zuboffs Thesen lässt sich der Literaturliste entnehmen.

Das Modell des Verhaltenskapitalismus verfolgt daher einen anderen, einen neutralen Ansatz und hat mit dem Überwachungskapitalismus wenig mehr gemein als das, dass sich beide demselben Phänomen annähern möchten. Trotzdem sei eine Beschäftigung mit dieser Aufbereitung empfohlen. Da diese Seiten allerdings nur dazu dienen sollen, den Verhaltenskapitalismus darzustellen, kann eine tiefere Auseinandersetzung mit anderen Konzepten nur separat stattfinden. Beginnen wir daher mit dem eigentlichen Thema und sogleich mit einer Definition.

> **Unter Verhaltenskapitalismus versteht man eine Spielart des Kapitalismus, in der menschliches Verhalten zum zentralen Faktor für die Produktion und Bereitstellung von Gütern und Dienstleistungen wird.**

Der Schlüssel zum Verständnis dieser neuen Form des Kapitalismus ist die Betrachtung von menschlichem Verhalten als nutzbarem Rohstoff. Aus diesem lassen sich, soweit er in ausreichendem Maße gewonnen werden kann, einerseits die Bedürfnisse der Menschen, aber auch Prognosen zum künftigen Agieren ableiten. Auf Basis dieses Rohstoffes können daher Produkte und Dienstleistungen erzeugt werden, die den Bedürfnissen bzw. dem künftigen Verhalten entsprechen. Zudem ist es möglich, bereits die Daten an sich auf dem Markt zu handeln. Wie aber wird Verhalten definiert?

Unter Verhalten versteht man sowohl Handeln, Dulden als auch Nichthandeln. Die Vorgänge können bewusst oder unbewusst sein. Es wird durch Reize beeinflusst und erzeugt.

Das alles mag höchst abstrakt klingen, doch bei genauerer Betrachtung erweist sich, dass das Verhalten schon oft als Rohstoff genutzt wurde, wenngleich auch nicht immer so betrachtet. Dabei wollen wir gar nicht auf den Ablasshandel im Mittelalter verweisen, aber erneut auf die Versicherungsbranche. Diese ist ein Musterbeispiel dafür, wie das Verhalten des Kunden, oft in der Person des Vertreters, erforscht, anschließend durch die Unternehmung ausgewertet und am Ende zur Verbesserung der bisherigen Produkte, also der Versicherung sowie der Schaffung neuer Leistungen benutzt wird. Nur so waren kreative Entwicklungen, wie z. B. eine Absicherung des eigenen Sterbens, denkbar. Da es sich hier um immaterielle, also nicht greifbare Güter handelt, ist das Verhalten der Interessenten und Kunden von herausragender Bedeutung. Es war im Grunde genommen, zumindest in diesen Bereichen, schon immer ein Produktionsfaktor und mit genau diesem Gedanken wird es nun möglich, sich dieser neuen Form des Kapitalismus anzunähern. Denn die Erkenntnis, dass Bedürfnisse und Verhalten potenzieller Kunden eine wichtige Komponente sind, um Produkte und Dienstleistungen wirkungsvoll anbieten und veräußern zu können, ist weder originell, noch bedarf es hierfür tieferer Ausführungen.

Nun aber haben sich die Bedingungen geändert, denn die technologische Entwicklung hat zu neuen Geschäftsmodellen geführt, die einen solchen Einfluss gewonnen haben, dass sie die Frage aufwerfen, ob aus ihnen nicht längst eine eigenständige Form des Kapitalismus entstanden ist, nämlich des Verhaltenskapitalismus. Damit wären wir bei der zentralen These dieses Schriftstücks angelangt. Und diese lautet, dass durch neue Möglichkeiten der Verhaltensabschöpfung der Rohstoff zu einem Produktionsfaktor und damit eine eigene Spielart des Kapitalismus begründet wurde.

> **Der zentrale Produktionsfaktor des Verhaltenskapitalismus ist menschliches Verhalten.**

Nicht dass Unternehmen oder mancher Staat nicht schon immer möglichst viel wissen wollten, aber erst mit besagter technologischer Entwicklung löste sich das Problem der schwierigen Gewinnung von Verhaltensdaten innerhalb kürzester Zeit in Luft auf. Daher wundert es kaum, mit welcher Geschwindigkeit große Technologiekonzerne, wie z. B. Amazon, Facebook oder Google, entstanden und begannen, Daten zu sammeln, Verhalten nach kapitalistischen Methoden zu nutzen und den Menschen Stück für Stück einzubetten. Algorithmen und Automation machten das möglich, wozu Menschen gar nicht fähig gewesen wären.[54]

Zudem sind diese Einzelnen nun häufig zu etwas bereit, was in früheren Zeiten in der Regel noch undenkbar gewesen wäre: Sie ermöglichen den Blick in die ureigene Seelen-

---

[54] Nicht einmal der – um bei dem gewählten Beispiel zu bleiben – fähigste Versicherungsvertreter, der noch so intime Kontakte zu seinen Kunden unterhält, wäre jemals dazu in der Lage gewesen.

und Gedankenwelt, fordern ihn nicht selten sogar. Ein Unterschied, der nicht oft genug betont werden kann.

So entstanden die großen Verhaltenskapitalisten. Nun analysieren sie den Homo stimulus[55] und versuchen, auf Basis seines Verhaltens Informationen bzw. Daten zu generieren oder Produkte und Dienstleistungen anzubieten bzw. zu vermitteln – völlig auf das Individuum zugeschnitten. Der Rohstoff „Verhalten" wurde zum Produktionsfaktor.

Dieser neue Produktionsfaktor ist mittlerweile dermaßen wichtig, dass er auch für den klassischen und den Finanzkapitalismus unverzichtbar geworden ist. Denn durch die Kenntnis des gegenwärtigen Verhaltens, das aus Unmengen von gewonnenen Daten zusammengesetzt wird, ist es in vielen Fällen möglich, künftiges Verhalten abzuschätzen oder zu beeinflussen.

> **Das Verhalten ist heute auch ein zentraler Produktionsfaktor für den klassischen und den Finanzkapitalismus und ergänzt Arbeit, Boden sowie Kapital.**

---

[55] Vgl. 3. Kapitel.

Dieses Verhalten wird anschließend direkt als Handelsware genutzt oder aber in einem Produktionsprozess zu Befriedigungs- und/oder Prognoseprodukten weiterverarbeitet.

Ein **Befriedigungsprodukt** zielt darauf ab, menschliche Bedürfnisse zu befriedigen.

Ein **Prognoseprodukt** sagt künftiges menschliches Verhalten voraus.

Verhaltensdaten können auch ohne Weiterverarbeitung gehandelt werden.

Diese Aufgabe übernehmen normalerweise Algorithmen und verstärkt auch die künstliche Intelligenz. Vereinfachend fassen wir diesen dezentralen Prozess in der anschaulichen Metapher der Verhaltensfabrik zusammen.

Die Lagerung von Verhalten sowie die Verarbeitung zu Befriedigungs- und Prognoseprodukten finden in der Verhaltensfabrik statt.

Soweit zu den grundsätzlichen Definitionen und zur Entwicklungsgeschichte. Im Folgenden soll die Funktionsweise bzw. der Wertschöpfungsprozess des Verhaltenskapitalismus näher beleuchtet werden.

2.3 Der Kreislauf des Verhaltenskapitalismus

„Die bisherigen Versuche, den Kapitalismus zu bändigen oder abzumildern, waren und sind immer ein Prozess, die Umgebung an ihn anzupassen."

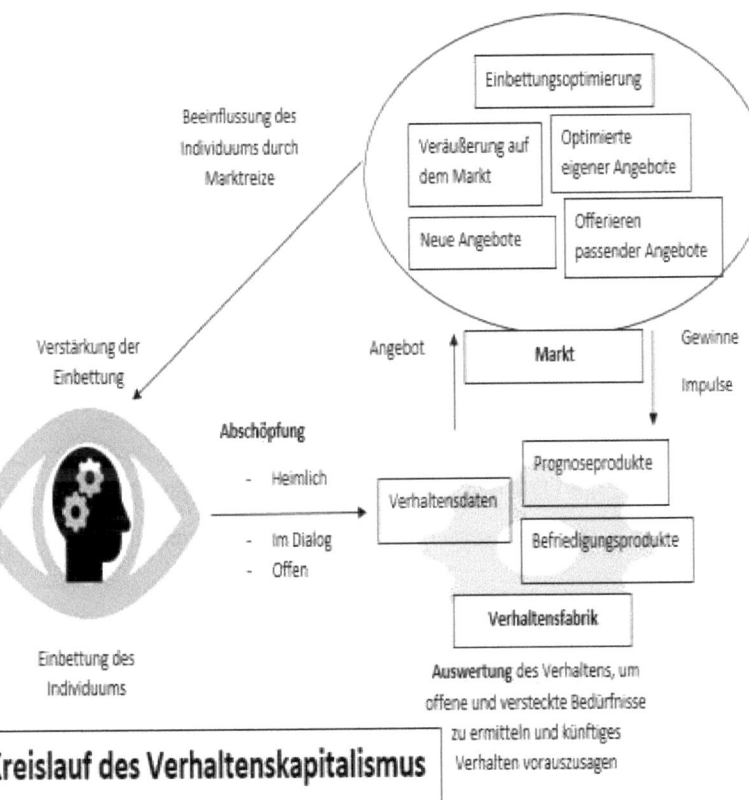

Kreislauf des Verhaltenskapitalismus

Abschöpfung von Verhaltensdaten

Der Verhaltenskapitalismus basiert auf dem Rohstoff und Produktionsfaktor Verhalten, der durch Reaktion des Individuums auf Reize entsteht. Diesen muss er erst durch Abschöpfung gewinnen. Derartige Versuche existierten schon immer, allerdings ermöglichte erst der durch den Zeitenwandel getriebene technologische Fortschritt das automatisierte Abernten in großen Mengen. Der Abschöpfungsprozess kennt drei Varianten:

- **Offene Abschöpfung**

   In diesem Fall ist dem Individuum bewusst, dass seine Daten genutzt werden, um bestimmte Prognose- und Befriedigungsprodukte zu erstellen.

   Ein typisches Beispiel wäre hier die Eingabe in einer Suchmaschine durch einen Nutzer. Dessen persönliches Verhalten bzw. Interesse wird offen genutzt, um ihm das gewünschte Ergebnis zu präsentieren. In nur einer Minute erfolgten beispielsweise 2017 weltweit:

   - 3,8 Millionen Google-Suchanfragen

- 47.000 Instagram-Foto-Uploads

- 4,1 Millionen YouTube-Klicks

- 530.000 Snapchat-Shares

- 456.000 Tweets auf Twitter

Diese Zahlen belegen eindrucksvoll, dass die Übertragung von Verhaltensdaten in vielen Fällen freiwillig stattfindet, weil dadurch ein Mehrwert für den Nutzer entsteht.[56]

- **Dialogische Abschöpfung**

  Bei der dialogischen Abschöpfung gehen das Individuum und eine Maschine (Algorithmus, KI) einen Dialogprozess ein, der zur Bedürfnisfindung, aber auch zur Abschätzung künftigen Verhaltens dient. Dabei reagieren beide Seiten auf gesetzte

---

[56] Im Zuge der COVID-19-Pandemie ab 2020 dürften diese Zahlen – noch liegen sie nicht vor – explodiert sein. Gleiches gilt für den Einfluss der großen Verhaltenskapitalisten. Corona wird hier ein Dynamisierungsfaktor sein, der die wirtschaftliche Kraft weiter in die entsprechende Richtung verschiebt.

Reize und es ist nun möglich, auch Bedürfnisse offenzulegen, die dem User unter Umständen gar nicht bewusst waren. Die Interaktion kann dabei offen sein oder auch versteckt. Wichtig ist nur, dass der Prozess über eine Aktion hinausreicht.

- **Versteckte Abschöpfung**

  Bei der verdeckten Abschöpfung wird das Verhalten ohne Wissen des Nutzers abgeerntet und weiterverarbeitet bzw. weiterveräußert. Ein Beispiel wäre es, wenn Profildaten eines Individuums in einem sozialen Netzwerk genutzt werden, um kommerzielle Produkte und Dienstleistungen zu entwickeln, um diese für Verhaltensmanipulation oder -steuerung einzusetzen. Als Musterfall wäre hier die Nutzung der 87 Millionen Facebook-Userdaten von Cambridge Analytica für den Wahlkampf von Donald Trump im Jahr 2017 zu nennen.

Die Grenzen zwischen den einzelnen Varianten erweisen sich als fließend. Beispielsweise wird ein Großteil der Nutzer einer Suchmaschine mittlerweile bereits erahnen, dass zu den Ergebnissen u. a. Produktanzeigen aus demselben

Themenspektrum erscheinen werden. Genauso dürfte es Nutzern von sozialen Medien bewusst sein, dass ihre Daten zur Einbettung genutzt werden. Eine starre Trennung der Abschöpfungsarten ergibt daher wenig Sinn.

Umwandlung in der Verhaltensfabrik

Die gewonnenen Datenmengen werden nun in der Verhaltensfabrik – eine Metapher, um einen komplizierten und dezentralen Verarbeitungsprozess plastischer darzustellen – gelagert und in Teilen zu Produkten verarbeitet. Dabei werden sowohl Prognose- als auch Befriedigungsprodukte hergestellt.

- **Prognoseprodukte** dienen dazu, das künftige Verhalten eines Individuums abzuschätzen. Ein typisches Beispiel wäre ein Nutzer eines sozialen Netzwerkes, der sich für Wandern interessiert, entsprechende Fotos darbietet und die Teilnahme an entsprechenden Veranstaltungen dokumentiert. Der Algorithmus kann diese Daten nun auslesen und sie durch andere Angaben wie Alter, Wohnort, Markenneigungen, Stil usw. ergänzen. Gepaart mit der Auslesung des Browserverlaufes, der auch dann stattfinden kann, wenn man gar nicht mehr in dem entsprechenden Netzwerk angemeldet ist, entsteht ein Prognoseprodukt, dessen Ergebnis es beispielsweise sein könnte, dass genau dieser User mit hoher Wahrscheinlichkeit erneut im Sommer zu entsprechenden Touren aufbrechen wird. Es würde daher Sinn ergeben, ihn kurz zuvor mit passenden Dienstleistungen (z. B. Reiseangeboten) oder Produkten (z. B. Wanderschuhen) virtuell zu konfrontieren. Das Prognoseprodukt öffnet für eine gezielte Ansprache damit die Tür.

- **Befriedigungsprodukte** zielen hingegen konkret auf die Befriedigung von erkannten Bedürfnissen ab – nicht in der Zukunft, sondern zeitnah in der Gegenwart. Interessant dabei ist, dass ein Befriedigungsprodukt sich sowohl auf einen Bedarf beziehen kann, der dem Nutzer bewusst ist, als auch auf einen, den er noch nicht reflektiert hat, welcher sich aber aus der Analyse des Verhaltens ergibt. Damit haben insbesondere Befriedigungsprodukte, aber auch Prognoseprodukte zudem die Funktion der Offenlegung der inneren Bedürfnisse des Individuums und können damit ein wichtiges Element der Selbstverwirklichung sein.

Handeln auf dem Markt

Sowohl Prognose- und Befriedigungsprodukte als auch das Verhalten selbst können durch den Datensammler genutzt oder veräußert werden. Hier entstehen massive Gewinne, die in der Regel wiederum reinvestiert werden – nicht unbedingt nur in das bisherige Geschäftsmodell, sondern auch in andere Felder, die zur Vernetzung einladen. Für den Markt ergeben sich daher folgende Möglichkeiten:

- **Offerieren passender Angebote**

  Die Daten werden dazu genutzt, dem Individuum passende Angebote anzubieten. Diese können aus eigenen Diensten und Produkten bestehen, kombiniert werden diese aber in der Regel mit der Werbung für Dritte. Hier ist heute noch der Kern des Geschäftsmodells zu sehen.

  Insgesamt geht man davon aus, dass mittlerweile 25 % der weltweiten Werbeumsätze durch Facebook und Google, zwei der Musterbeispiele für angewandten Verhaltenskapitalismus, generiert werden. 2016 waren es noch 20 %. Tendenz steigend.

- **Neue Angebote**

Das Verhalten macht es notwendig, völlig neue Produkte zu konzipieren, um die daraus erkannten Bedürfnisse zu befriedigen. Die Idee, aus der Marktbeobachtung notwendige Innovationen und Weiterentwicklungen abzuleiten, ist so alt wie das Wirtschaften selbst. Doch dank der neuen Abschöpfungsmöglichkeiten eines zuvor schwer förderbaren Rohstoffes hat diese eine völlig neue Dimension und Geschwindigkeit erreicht.

- **Optimierung der eigenen Angebote**

Die eigenen Angebote werden durch Verhaltensprodukte sowie entsprechendes Feedback verbessert und angepasst. Dies gilt sowohl für die Sammler der Daten als auch für deren Kunden. Insbesondere die lernende Maschine ist auf diese Reaktionen angewiesen, um sich stetig in ihren Funktionen zu verbessern.

- **Veräußerung auf dem Markt**

  Die Datenmengen werden Dritten roh oder bereits als verarbeitete Produkte zur eigenen Geschäftstätigkeit zur Verfügung gestellt.

- **Einbettungsoptimierung**

  Der kollektive Individualismus kennt die Einbettung des Menschen in die Schaffung einer indivi-

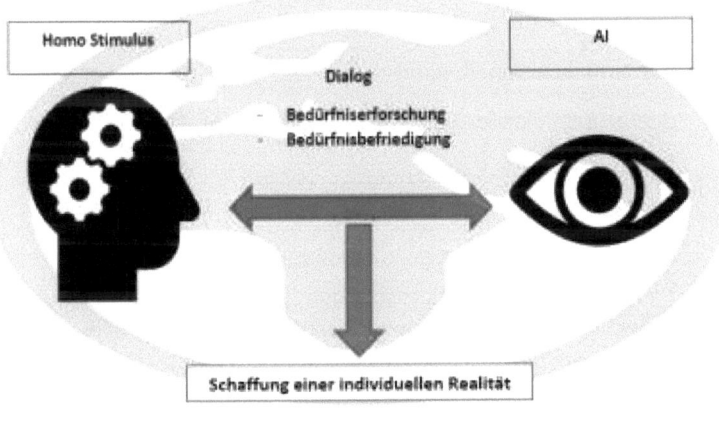

Prozess der Einbettung

Homo Stimulus

AI

Dialog

Bedürfniserforschung
Bedürfnisbefriedigung

Schaffung einer individuellen Realität

duellen Realität. Dazu trägt der Verhaltenskapitalismus durch einen stetigen Kreislauf der Verhaltensabschöpfung bei.

Reizung des Individuums zur Reaktion

Im Idealfall reagiert das Individuum auf die angebotenen Reize und schafft so neues Verhalten, das sich wiederum abschöpfen lässt. Es entsteht ein Kreislauf der Einbettung, der am Ende in der Schaffung einer individuellen Wirklichkeit münden kann.

In einem vollständigen kollektiven Individualismus,[57] der natürlich eine stetige technische Weiterentwicklung voraussetzt, würde der Abgeschöpfte nun Stück für Stück in einer individualisierten Realität versinken, die letztlich nur für den Nutzer existiert und durch den Verhaltenskapitalismus bereitgestellt wird.

---

[57] Erneut, und um das Nachschlagen zu ersparen: Unter einem kollektiven Individualismus wird ein Individualismus verstanden, bei dem das Individuum so eingebettet wird, dass die individuelle Selbstentfaltung innerhalb eines nicht oder kaum sichtbaren Rahmens stattfinden kann. Der kollektive Individualismus ist zugleich die Bezeichnung einer Zeitperiode.

Durch den vorhandenen Rollenkonflikt zwischen Milieurolle sowie Individualisierung und aufgrund vorhandener Milieukämpfe ist dieser kollektive Individualismus aber noch unvollständig.[58] Das bedeutet allerdings nicht, dass diese individualisierten Realitäten nicht doch existieren können. Im Gegenteil: Sie sind heute bereits Wirklichkeit.[59] In vielen Fällen stellen sie allerdings noch eine Parallelwelt dar. In anderen die einzig relevante Realität.

Doch bleiben wir bei der ökonomischen Sicht, denn während dieses Prozesses akkumulieren sich der Rohstoff Verhalten sowie das Investitionskapital, was die Möglichkeiten der Verhaltensfabrik und des Abschöpfens immer weiter verbessert. Es entsteht ein Kreislauf. Das Spiel, getrieben durch die Maschine, beginnt stetig von vorne. Der Mensch versinkt und wird eingebettet. Manche schneller, manche nie, und doch wird jedes Kind der Gegenwart und der Zukunft mit großer Selbstverständlichkeit in dieser Welt aufwachsen und an diese Mechanismen gewöhnt sein.

---

[58] Beide Punkte wurden bereits angedeutet und werden in Kapitel 4 noch vertieft werden.

[59] Denken Sie an soziale Medien wie Facebook & Co.

2.4 Bestandsaufnahme und Ausblick

„Ein Individualismus, der durch Dritte gelenkt werden kann, ist letztendlich nur erblindeter, sich aber besser anfühlender Kollektivismus."

Beim Verhaltenskapitalismus handelt es sich um eine Spielart des Kapitalismus, die sich – analog dem Finanzkapitalismus – in ihrer Wirkung nur schwer identifizieren lässt und daher in der öffentlichen Wahrnehmung sowie auf der politischen Agenda nur eine untergeordnete Rolle spielt. Dies nutzt er geschickt, um sich weiterzuverbreiten und zu festigen, was sich im Kapitalismus häufig durch das Entstehen von Monopolen oder Oligopolen kennzeichnet. Die reale Lage der Technologiekonzerne und deren Marktmacht belegt dies eindrucksvoll.

So hat sich der Verhaltenskapitalismus inzwischen fest etabliert, ohne jedoch als solcher wahrgenommen zu werden. Modernste Technik ermöglicht dabei eine nie gekannte Einbettung, die bis in die intimsten Bereiche des Individuums vordringen kann. Hier handelt es sich um eine

Entwicklung, die eine genauere Betrachtung erfordert und sich nicht weiter im Schatten abspielen darf, denn ein entfesselter Verhaltenskapitalismus wäre eine noch stärkere Kraft, als es der Finanzkapitalismus jemals war: Er wäre ein Mittel zur Herrschaft.

Chancen und Risiken

Die Darstellung dieser Entwicklung erfolgte bewusst neutral, da sie sowohl Chancen als auch Risiken mit sich bringt.[60] Zudem wurde sie auf die Grundlagen beschränkt. Die Einbettung des Individuums in einer eigenen Welt, die der persönlichen Bedürfniserfüllung und Selbstverwirklichung dient, ist grundsätzlich nicht negativ, zumal diese keinesfalls abgeschottet gestaltet sein muss. Auf der anderen Seite spielt es eine zentrale Rolle, wer die Reize sowie die Daten letztlich kontrolliert und ob das Verhalten oder sogar die eigene Realität manipuliert werden.

---

[60] An dieser Stelle eine persönliche Anmerkung: Wenn an den Grundlagen des Verhaltenskapitalismus etwas kritisiert wurde, dann nicht deren Aufbereitung oder die Theorie an sich, sondern, dass sie nicht werten wollten. Tatsächlich neigen doch viele Konsumenten einer derartigen Lektüre dazu, primär die Risiken zu sehen.

Der Verhaltenskapitalismus beinhaltet daher – ohne Zweifel – große Gefahren für Freiheit und Demokratie. Diese gilt es klar und deutlich zu benennen, zu diskutieren und ihnen entgegenzuwirken.[61]

Trotzdem gibt es auch positive Seiten.[62] Diese sind in den Bereichen der Erkennung von Bedürfnissen und deren Befriedigung zu sehen, denn durch die Methoden des Verhaltenskapitalismus können sowohl bekannte als auch bisher verdeckte Bedürfnisse des Individuums identifiziert und befriedigt werden.

Ziehen wir ein Beispiel heran: Ein Nutzer wurde bislang durch ein direktes dörfliches Umfeld geprägt und ist nie über dieses hinausgekommen. Damit ist er nicht zufrieden, aber seine Prägung kennt am Ende nur diese kleine Welt. Durch die Nutzung des Internets tritt er nun in die Welt

---

[61] Dass der Autor dieser Zeilen hier für eine Demokratisierung mithilfe des Wertekapitalismus plädiert, sei am Rande angemerkt.

[62] Die Standardargumentation der Technologiekonzerne, dass jeder Nutzer für das Abgreifen des Verhaltens bzw. der Daten mit Dienstleistungen belohnt wird, soll hier nicht weiter vertieft werden. Das Argument lässt sich sicher kontrovers diskutieren.

der sozialen Medien ein. Hier verlinkt er sich mit einigen Personen, die längst aus dem Dorf weggezogen sind, und betrachtet eines schönen Tages deren Urlaubsfotos. Die Orte gefallen ihm und er recherchiert mehr über eine Suchmaschine. Plötzlich werden ihm im sozialen Medium und auch in der Suchmaschine immer mehr Nachrichten oder Anzeigen angeboten, die das Thema Reisen in den Mittelpunkt stellen. Das Ganze wird immer interessanter und je mehr er danach sucht, desto mehr wird er eingebettet. Inzwischen hat er sich viele Ziele und Angebote angesehen, Reiseführer bestellt und ist in einem Forum aktiv. Er agiert jetzt in einer eigenen Welt, in der eine neue Sehnsucht im Mittelpunkt steht, die durch die lernende Maschine befeuert wird. Er erkennt, dass seine bisherige Unzufriedenheit auch daher rührt, dass er gerne aus dem gewohnten Umfeld ausbrechen und die Welt sehen wollte. Bisher fehlte ihm aber die Inspiration. Diese wird nun durch den verhaltenskapitalistischen Prozess herausgearbeitet, der ihm natürlich sogleich auch entsprechende Angebote zur Befriedigung macht. Im kommenden Jahr geht der Nutzer auf Weltreise.

Wurde er in diesem Beispiel manipuliert? Oder wurde nur einfach ein Wunsch herausgearbeitet, der bislang verschütt war, weil das eigene Umfeld ihn nicht mit dem Nutzer zusammen entwickeln konnte? Oder beides? Oder ist das alles eine Illusion und er ist doch nur ein Konsument?

Bleiben wir beim konkreten Fall des kommenden Urlaubers. Es ist richtig, dass er auch konsumiert und manch Verhaltenskapitalist davon profitieren wird. Ist das Ziel aber Konsum? Oder doch vielmehr eine Form der Selbstentfaltung? Ist es nicht gerade das eigentliche Erfolgsmodell der großen Verhaltenskapitalisten, dass sie sich individuellen Wünschen anpassen und einen ungeahnten Beitrag zur persönlichen Selbstverwirklichung leisten? Ein einfacher Arbeiter hat nun die Chance, im sozialen Medium Gehör zu finden. Sich zu zeigen. Die eigenen Interessen auszuleben. Vielleicht sogar ein Star zu sein. Wann zuvor war das je möglich? Der Mensch kann zum König in einer eigenen Welt werden, in der nur er und seine Bedürfnisse zählen. Was ist wirklich? Was ist Suggestion? Geht es nicht auch um Entwicklungsmöglichkeiten? Letztendlich schafft der Verhaltenskapitalismus eine individualisierte Welt nach den Bedürfnissen des jeweiligen Nutzers, und das hat wenig mit dem Wunsch nach materiellem Konsum zu tun.

Wer die Debatte tatsächlich auf das einfache Erklärungs-modell des verführten Konsumenten ziehen möchte, hat die menschlichen Bedürfnisse und damit den Menschen nicht verstanden. Zudem ist eine Gesamtschau unabding-bar, denn der Verhaltenskapitalismus steht nicht für sich allein, sondern ist nur ein Teil eines größeren Verände-rungsprozesses.

Konsequent zu Ende denken!

Das Verhältnis zwischen Nutzen und Manipulation ist da-her überaus differenziert zu betrachten, denn am Ende ist es auch nicht undenkbar, dass bestimmte Milieus auch Frei-heit und Demokratie gegen Bedürfniserkennung und Be-friedigung tauschen würden, wenn es denn notwendig wäre.

Ob das nicht ein wahnsinniger Gedanke ist? Nein, nur ein logischer, denn die Frage impliziert, dass Menschen eine homogene Masse darstellen, die alle dieselben Einstellun-gen und Lebensweisen teilen. Tatsächlich zerfallen, wie wir bereits aus dem 1. Kapitel wissen, die globalen Gesellschaf-ten aber in zahlreiche Milieus, die teilweise völlig unterschiedliche Wertvorstellungen haben. Diese Milieuzersplitterung ist noch nicht abgeschlossen und wird sich fortsetzen.

Das bedeutet aber auch, dass ein Teil dieser Lebenswirklichkeiten keinerlei Probleme damit haben wird, beispielsweise die eigene demokratische Mitbestimmung gegen eine garantierte Bedürfnisbefriedigung einzutauschen. So entsetzt manch Angehöriger des ein oder anderen Milieus diese Aussage auch betrachten mag, so ändert das nichts an ihrem Wahrheitsgehalt.

Es gibt daher auch Profiteure des Systems und die sind nicht nur bei den Verhaltenskapitalisten zu suchen, sondern vor allem bei jenen, für die das, was in Gefahr zu sein scheint, weitaus weniger wert ist als für andere.

Und doch wäre auch das noch nicht zu Ende gedacht, denn irgendwann wird sich auch die Frage stellen, ob ein vollkommen eingebetteter Mensch überhaupt noch so etwas wie Kausalität benötigt, doch wir driften mehr und mehr in das Philosophische ab. Das alles sind Punkte, die separat diskutiert werden müssen, und sie sollten nur begrenzt Teil dieser Monografie sein. In der Summe bleibt festzustellen, dass der Verhaltenskapitalismus nicht nur eine Folge des Zeitenwandels ist, sondern eine direkte Triebfeder des Individualismus und damit ein unverzichtbarer Baustein zum Verständnis gesellschaftlicher Entwicklungen des 21. Jahrhunderts.

Und doch gibt es noch eine zweite – in Wechselwirkung stehende – Veränderung, die direkt mit dem Individualismus verknüpft werden sollte: die Entwicklung der modernen Reizgesellschaft und die Konditionierung eines Teils der Menschheit zum Homo stimulus, denn ohne die beiden Einflüsse wäre der Verhaltenskapitalismus und damit auch die Individualisierung in der vorgestellten Form nicht denkbar gewesen. Es ist an der Zeit, sich also auch diesem Thema zu widmen.

Weiterführende Literatur:

- Zuboff, Shoshana (2018). **Das Zeitalter des Überwachungskapitalismus.** Berlin, Campus Verlag, 04.10.2018, ISBN-13: 9783593509303.

- Webb, Amy (2019) **Die großen Neun: Wie wir die Tech-Titanen bändigen und eine Künstliche Intelligenz zum Wohle aller entwickeln können,** Plassen Verlag, 29.08.2019, ISBN-13: 978-3864706387

- Gallowy, Scott (2017), **The Four: The Hidden DNA of Amazon, Apple, Facebook, and Google,** Portfolio; Illustrated Edition, 3. Oktober 2017, ISBN-13: 978-0735213654

- Herteux, Andreas (2019) – **Erste Grundlagen des Verhaltenskapitalismus: Bestandsaufnahme einer neuen Spielart des Kapitalismus.** 11. Auflage, Erich von Werner Verlag, 2019, ISBN 978-3981900651, DOI 10.5281/zenodo.3469587[63].

---

[63] In diesem Kapitel wurde ein Teil dieser Monografie übernommen.

- Herteux, Andreas (2019). **Behavioral Capitalism – A New Variety of Capitalism Gains Power and Influence.** Journal of Applied Business and Economics, 21(9). e.

- Herteux, Andreas (2019) – **International Journal of Social Science and Economic Research (IJSSER):** BEHAVIOURAL CAPITALISM AND SURVEILLANCE CAPITALISM – A COMPARISON OF TWO INTERPRETATIONS OF A DEVELOPMENT OF CAPITALISM, Volume 12/2019, Page 7253–7268, published 12/2019, ISSN: 2455-8834.

3. Der Homo stimulus und die moderne Reizgesellschaft

„Es gibt nichts zu entdecken, nichts zu erfinden, einzig und allein eine sich wandelnde Wahrnehmung."

Das Fremde, Neue und Unbekannte ruft in vielen Menschen oft sowohl Faszination als auch Furcht hervor. Neugier, Bewunderung, Vergleich und Skepsis gehen Hand in Hand. Herodot, jener berühmte griechische Geschichtsschreiber, der im 5. Jahrhundert vor Christus lebte und vieles zu berichten wusste, ist dafür ein gutes Beispiel, denn er stützte sich gerade auf die Unterschiede und hob sie in seinen Werken immer wieder hervor. Der Vater der Geschichtsschreibung, wie er auch genannt wird, hatte dabei seine helle Freude daran, auch Obskures zu beschreiben. Beispielsweise berichtet er vom Volk der Gindanes, bei dem eine Frau für jeden Mann, mit dem sie dem Beischlaf gefrönt hatte, ein Lederarmband am Fuß trug. Je mehr Bänder, je höher das Ansehen der Frau in der Gesellschaft. Oder aber wenn er von den Padaiern erzählt, bei denen es üblich gewesen sein soll, dass sie die Kranken erst töteten und anschließend verspeisten.[64] Ob diese Lebensweise eine gesunde ist, müssen wir an dieser Stelle offenlassen. Die Padaier spielen in der heutigen Welt keine Rolle mehr, Herodots Geschichtswerk fasziniert bis in die Neuzeit.

Faszination und Furcht – das sind wichtige Stichworte, denn die nun vorzustellende Theorie des Homo stimulus könnte all das erzeugen. Am Ende ist sie bislang nicht nur fremd oder neu, sondern tangiert das menschliche Selbstverständnis – behauptet sie doch, dass es einen Transformationsprozess gab und gibt, der den Menschen selbst verändert hat und weiter verändern wird. Damit suggeriert die Theorie indirekt auch einen Kontrollverlust und eine Einschränkung der Selbstbestimmung sowie des freien Willens. Es wäre daher nur menschlich, wenn eine solche Theorie bereits aus psychologischen Gründen eine innerliche Ablehnung bewirkt. Das wäre verständlich.

---

[64] Herodot, Historien. Zweifellos ist manche der Überlieferungen umstritten, allerdings begrenzt die Umwelt oft die Fantasie.

Der Leser wird aber trotzdem gebeten, den folgenden Seiten unvoreingenommen zu begegnen. Mit Neugier und vielleicht Faszination, wenn auch vielleicht einer morbiden. Ja, der Homo stimulus mag ein neuer Mensch sein. Ja, er mag alle tangieren – aber er bleibt ein Mensch. Doch beginnen wir langsam und gemütlich.

Der Mensch hat sich verändert

Zu Beginn soll es erneut wiederholt werden: Die Welt verändert sich im rasenden Tempo – doch nicht nur sie ist es, die neue Bahnen einschlägt, sondern auch der Mensch selbst. Es entstand der Homo stimulus, der Reizmensch, dessen Anteil an der Gesamtbevölkerung stetig zunimmt und der in künftigen Generationen eine Mehrheit darstellen wird.[65]

Handelt es sich dabei um eine evolutionäre Entwicklung? Um eine Anpassung? Oder um ein Produkt externer Beeinflussung? Es kommt auf die Betrachtungsweise an, doch

---

[65] Eine These, die es natürlich in der Folge zu belegen gilt.

auf den folgenden Seiten sollen keine Grundlagen der Sozialwissenschaften[66] wiederholt werden – diesbezüglich gibt es zweifellos bessere Versuche. Stattdessen sollen eine Entwicklung der Konditionierung auf schnell frequentierte Reize und deren Endprodukt, der Homo stimulus, betrachtet und diese zur Diskussion gestellt werden. Es bleibt eine These, die dem Verständnis einer neuen Wirklichkeit dienen soll – eine erste, die allein deshalb notwendig ist, weil die Veränderungen unübersehbar sind und daher unbedingt neuer Erklärungsansätze bedürfen.

Der neue Mensch, geprägt durch die Reizgesellschaft, hat den Erfolg des Verhaltenskapitalismus[67] erst ermöglicht und stellt ein wesentliches Merkmal des Zeitalters des kollektiven Individualismus dar. Die Welt der Gegenwart und Zukunft wäre ohne den Homo stimulus undenkbar und daher ist es notwendig, diese Konditionierung, die noch nie in einem solchen Rahmen geschehen ist, zu benennen und

---

[66] Oder anderer Disziplinen, denn der Ansatz ist zweifellos interdisziplinär.

[67] Vgl. Literaturliste.

somit eine allgemein verständliche Verstehens- und Diskussionsgrundlage zu schaffen.

Doch auch in diesem Fall sollen zuerst die zentralen Thesen vorgestellt werden, bevor zu den Grundlagen vorangeschritten werden kann:

- **Die Konfrontation der Bevölkerung mit künstlich erzeugten Stimuli hat sich in den letzten Jahrzehnten massiv erhöht.**

- **Die technologische Entwicklung ermöglicht mittlerweile eine Reizsetzung in allen Bereichen des Lebens.**

- **Es erfolgte eine Gewöhnung an schnelle und kurze Stimuli.**

- **Diese werden nicht nur passiv konsumiert, sondern aktiv eingefordert und gestaltet.**

- **Die moderne Reizgesellschaft ist entstanden.**

- **Diese Reizgesellschaft hat daher einen neuen Menschen konditioniert: den Homo stimulus.**

- Die Reizgesellschaft hat – in Kombination mit dem Verhaltenskapitalismus und dem Zeitenwandel – das Zeitalter des kollektiven Individualismus eingeleitet.

Die Formung des Homo stimulus

Unter einem Homo stimulus, versteht man eine derartig konditionierte Person, die an eine permanente Konfrontation mit hochfrequentierten, kurzen sowie künstlichen Reizen gewöhnt ist und sich ihnen kaum oder nur teilweise entziehen kann oder will. Im Gegenteil werden bestimmte Reize oft selbst eingefordert oder ein entsprechender Reizdialog angestoßen.

3.1 Theoretische Grundlagen

„Ideenentwicklung sollte stets dynamisch sein, nicht statisch."

Bevor der neue Mensch eine tiefergehende Widmung erfahren soll, scheint es vorab ratsam zu sein, darzulegen, was diese Schrift unter einem Reiz, also einem sogenannten Stimulus, und der Reizgesellschaft, aus welcher der Homo stimulus erwachsen ist, genau versteht.

Als Reiz bezeichnet man einen Stimulus, der ein Verhalten durch die Einwirkung auf ein Sinnesorgan auslöst oder verändert. Der Anregung folgt eine Reaktion. Diese Reaktion kann durch vergangene Reize beeinflusst werden.

So lautet zumindest die psychologische Definition, wie sie in fast allen standardisierten Werken zu finden ist. Die Unterscheidung zwischen reaktivem (erst Reiz, denn Reaktion) und operantem Verhalten (erst Reaktion, dann Reiz) soll dabei nur bedingt interessieren, denn diese Punkte sind für die These und Zielsetzung dieses Werkes schlicht zweitrangig.[68]

Das grundsätzliche Prinzip ist nicht schwierig zu verstehen und soll an dieser Stelle auch für Menschen, die sich lediglich in der Nebensache mit derartigen Themengebieten beschäftigen, kurz dargestellt werden: Das grelle Sonnenlicht lässt die Augen schließen. Ein angenehmer Essensgeruch erinnert nicht nur an den eigenen Hunger, sondern auch daran, wann das Gericht zuletzt gegessen wurde. Der Mensch ist daher stetig Stimuli ausgesetzt, die er beinahe durchgehend und auf unterschiedlichste Art und Weise, bewusst und unbewusst, wahrnimmt. Diese Sicht ist vereinfachend, aber dennoch lässt sich die Aussage treffen, dass eine Welt ohne Stimuli kaum denkbar wäre.[69]

Doch lebt er damit nicht schon von Anbeginn der Zeiten in einer Reizgesellschaft? Diesem Urteil könnte man unterliegen, wenn man die Begrifflichkeit sehr weit fasst, und doch ist die Definition der modernen Reizgesellschaft, wie

---

[68] Wie so manch anderer Punkt, wie beispielsweise die Veranlagung oder die vorherige Prägung, auch.

[69] Die Simplifizierung sei zum Wohle der Sache verziehen.

sie diese Schrift versteht, weitaus spezifischer, eingegrenzter und letztendlich die Bezeichnung für eine historische Entwicklung, die sich auf einen ganz bestimmten zeitlichen Ablauf bezieht.

> **Unter einer modernen Reizgesellschaft versteht man einen Zusammenschluss von Individuen, der in starker Frequenz beeinflussenden, in der Regel künstlich erzeugten Reizen ausgesetzt ist und sich diesen nur schwer oder nicht entziehen kann bzw. das zum Teil nicht möchte.**

Daher erfolgt eine Abgrenzung zwischen klassischen Anregungen und einer hochfrequentierten Reizung, die ihren Ursprung in der kommerzialisierten oder/und der politisierten technologischen Entwicklung besitzt, durch deren Fortschritt intensiviert wird und so – zusammen mit dem Verhaltenskapitalismus – als Teil des Zeitenwandels das Zeitalter des kollektiven Individualismus eingeleitet hat.

Das mag im Moment noch abstrakt klingen, soll aber an späterer Stelle an der konkreten Entwicklung noch verdeutlicht werden. Bis zu diesem Punkt muss allerdings die Definition an sich vertieft werden.

> **Voraussetzung für die Etablierung einer Reizgesell-schaft ist die Möglichkeit, das Individuum in großer Häufigkeit mit den Reizen zu konfrontieren.**

Diese Voraussetzung der Reizgesellschaft ist elementar, denn an dieser Stelle findet sich eine klare Abgrenzung zu einem allgemeinen Verständnis der Reizung. Die Entwicklung der Reizgesellschaft und damit am Ende auch der Homines stimuli ist nicht von der technologischen Entwicklung zu trennen, welche wiederum eng mit wissenschaftlichen Erkenntnissen und deren Nutzung durch Politik (z. B. politisches Marketing), Gesellschaft (z. B. Entwicklung der gesellschaftlichen Milieus) und vor allem Wirtschaft (z. B. Entwicklung zur Konsumgesellschaft und später des Verhaltenskapitalismus) verknüpft ist.[70] Stattdessen handelt es sich um ein untrennbares Zusammenwirken der Kräfte, das noch eine übersichtliche Darstellung erfahren wird.

---

[70] Vgl. Kapitel 3.2.

> **Die Reizsetzung in modernen Zeiten erfolgt zumeist durch kurze, schnelle sowie sich wiederholende (künstliche) Reize.**

Diese Feststellung ist eine wichtige, da hier schleichend eine Veränderung der Art der Wahrnehmung eingeleitet wurde, denn die Stimuli besitzen eine andere Natur als noch vor einigen Jahrzehnten. Zudem werden sie häufig künstlich erzeugt.

Viele der heute sehr oft genutzten sozialen Medien, Kommunikationsmittel oder Dienste[71] bieten schnelle Informationen sowie Unterhaltung, die keinen Wert auf eine längerfristige Beschäftigung mit ihnen legen und auch nie so gedacht waren.[72] Unerheblich bleibt auch, ob zuerst die

---

[71] Man denke hier an Dienste wie WhatsApp, Snapchat, YouTube, TicToc oder Instagram.

[72] Beispielsweise kurze unterhaltende und informierende Videos, die Präsentation von großen Mengen an Posts, bei denen das Gehirn in Bruchteilen von Sekunden Interessantes herausfiltert, und/oder die Gewöhnung an das ständige Piepsen des Smartphones. Damit wird ein Gewöhnungsprozess implementiert, der sich in einer Veränderung der Wahrnehmung manifestiert.

Reize vorhanden waren oder der Wunsch nach ihnen. Die Frage ist nicht zielführend, denn es war vielmehr ein Miteinandertanzen, das schneller und schneller wurde – ein gegenseitiges Steigern und Fordern. Es soll das Ergebnis zählen.

Das Gehirn der Nutzer wird daher auf eine bestimmte Art und Weise konditioniert, die vielleicht von Menschen, die sich diesem Prozess von jungen Jahren an noch nicht ausgesetzt haben, gar nicht nachvollzogen werden kann, und doch ist das Ergebnis aus der eigenen Empirie heraus auch für sie nicht übersehbar: sei es an den Kommunikationsmitteln (z. B. Smartphone) Dritter oder schlicht nur an den schnelleren Schnitten von Filmen und deren Vergleich mit älteren Leinwandprodukten. Ob hier auch ein Abhängigkeitsverhältnis von kurzen und schnellen Reizen entstehen kann, soll an dieser Stelle nicht diskutiert werden. Später werden aber entsprechende Studien ihre Erwähnung finden, die dieses nahelegen. Zunächst muss jedoch auf ein weiteres zentrales Merkmal der modernen Reizgesellschaft hingewiesen werden:

Die Reizaussetzung erfolgt oft freiwillig.

Während gerade kommerzielle Reize (z. B. TV-Werbung) in früheren Tagen oft als lästig empfunden wurden, erfolgt die heutige Auseinandersetzung mit ihnen nicht nur auf Basis des freien Willens, sondern wird sogar aktiv gefordert. Daher ist es zu kurz gegriffen, von einem „Bombardement" zu sprechen, denn es handelt sich um einen Prozess, bei dem beide Seiten die Rolle des Senders und Empfängers einnehmen.[73]

So ist das Smartphone stetiger Begleiter und das ständige Überprüfen von Posts, Nachrichten und Meldungen für so manche Person beinahe sekündlicher Standard.[74] Die Grenze zwischen kommerziellen und privaten Reizen verwischt immer mehr und daher öffnet sich die Tür zur in-

---

[73] Es spielt dabei keine Rolle, ob diese Interaktion nur durch Menschen oder aber auch durch eine Maschine/KI betrieben wird. Hier ist auf die Abschöpfung im Sinne des Modells des Verhaltenskapitalismus zu verweisen.

[74] Selbstverständlich übertreiben wir an dieser Stelle ein wenig, allerdings ist auch die Mensch-Smartphone-Symbiose eine wahrnehmbare Realität.

timsten Sphäre des Menschen, die für frühere „Reizmetho-den" in der Regel verschlossen blieb. Diese Grenze ist nun offen.

Dabei handelt es sich um einen gewichtigen Unterschied, der eine neue Spielart des Kapitalismus, den Verhaltenska-pitalismus, entstehen ließ, dessen Modell die beschriebenen Mechanismen in der Tiefe erklärt.

Bleiben wir aber für den Moment bei den in der Regel künstlich gesetzten Stimuli, die ursprünglich einem Zweck dienen. Das legte aber bereits die Nutzung des Wortes „Konditionierung" nahe, bei dem oft Assoziationsketten wie „Behaviorismus", „Framing" oder „Priming" entste-hen, und doch wären diese Ketten nicht ausreichend, um die Entwicklung einer neuen Zeit zu beschreiben. Richtig bleibt aber:

Das Ziel der künstlichen Reizsetzung ist die Beein-flussung des Verhaltens.

Diese Erkenntnis ist keine und schon gar nicht neu. Ob der Wahrnehmende mit dem Reiz zu einem Kauf, zu einem

Klick, nur zum Ansehen oder zu einer Verhaltensmodifikation bewogen werden soll, spielt dabei keine Rolle. Gleichfalls gilt – wie schon immer:

> **Nicht jedes Milieu oder Individuum reagiert gleich stark auf denselben Reiz. Niemand ist jedoch vollständig immun.**

Dass nicht jedes Milieu oder Individuum auf die gleiche Art und Weise auf denselben Reiz reagiert, ist verständlich, haben diese doch unterschiedlichste Ansichten, Anlagen, Erfahrungen, Wertvorstellungen und Interessen. Auch das ist keine neue Erkenntnis, sonst wäre z. B. eine umfangreiche Segmentierung im Marketing nicht notwendig. Und doch ist erneut auf den Unterschied hinzuweisen:

Es geht in dieser Schrift nicht darum, ob bestimmte Stimuli ihr Ziel erreichen, sondern darum, dass eine Konditionierung sowie eine Wahrnehmungsverschiebung in Richtung kurzer, hochfrequentierter Reize erfolgen bzw. gar von den Homines stimuli vorangetrieben werden. Es geht um die globalen Konsequenzen. Es geht um eine Welt, in welcher die Sinnesorgane mit Unmengen an Reizen, und das mit einer atemberaubenden Geschwindigkeit, konfrontiert werden. Es geht um eine Realität, in der bereits ein erheblicher Gewöhnungsprozess stattgefunden hat. Es geht darum, wie sich der Mensch dadurch in seinem Verhalten und in seiner Betrachtung der eigenen Wirklichkeit nachhaltig verändert. Die Methodik und Struktur verändern, nicht der einzelne Reiz. Der Mensch wird konditioniert und neu geprägt.

Viele Reize verfehlen ihr Ziel vollkommen und/oder gehen im Meer der Stimuli unter. Dennoch beeinflussen sie die Art und Weise der Wahrnehmung derjenigen, die dauerhaft den Reizen ausgesetzt sind.[75]

Es wäre daher eine Missdeutung, die Begriffe „Reizgesellschaft" sowie „Homo stimulus" ausschließlich mit einer geschickteren Manipulation – sei es aus wirtschaftlichen oder politischen Zwecken – in Verbindung zu bringen. Das wäre

---

[75] An dieser Stelle soll die Abgrenzung zwischen bewusst wahrgenommenen und subliminalen Reizen vernachlässigt werden. Sie ist für die grundsätzliche These nicht von Belang, wohl aber für deren spätere, tiefere Ausarbeitung. Diese Monografie soll allerdings erste Grundlagen dokumentieren und das zu erforschende Feld eröffnen, nicht es final abernten.

eine erschreckende Fahrlässigkeit, denn tatsächlich steht eine Wahrnehmungsverschiebung, eine neue Menschwerdung im Mittelpunkt. Denn mag die Stimulierung auch ursprünglich einen kommerziell-politischen Hintergrund gehabt haben, heute sind die früheren Reizempfänger oft, wenn nicht sogar in der Regel, auch Sender und gehen in einen Reizdialog über, man denke nur an jene Millionen, die Zerstreuung bei Instagram, YouTube und Co. suchen.

Dieser Prozess scheint bei Teilen der Milieus bereits abgeschlossen zu sein, sich aber bei anderen noch in einem Anfangsstadium zu befinden, über das er vielleicht in manchen Fällen nicht hinausgehen wird.

Langfristig verändert die Reizaussetzung aber die Denkweise, die Wahrnehmung, die Entscheidungsprozesse sowie die Kommunikation der Reizempfänger.

Es entsteht der Homo stimulus, der Reizmensch, der sich wie folgt definieren lässt:

> Unter einem <u>Homo stimulus</u> versteht man eine <u>derartig konditionierte Person,</u> die an eine <u>permanente Konfrontation mit hochfrequentierten, kurzen sowie künstlichen Reizen gewöhnt</u> ist und sich ihnen <u>kaum oder nur teilweise entziehen kann oder will.</u> Im Gegenteil werden bestimmte Reize oft selbst eingefordert oder ein entsprechender Reizdialog wird angestoßen.

Diese Veränderungen der Wahrnehmung haben langfristige Konsequenzen für das Verhältnis des Bewusstseins mit seiner Umgebung. Dies legen zumindest zahlreiche Studien nahe.[76] Die Theorie der Reizgesellschaft und des Homo stimulus zieht daraus nur die notwendigen Schlüsse für eine neue Zeit.

---

[76] Hier handelt es sich nicht um Mutmaßungen. Mittlerweile gibt es starke Indizien, welche die These bestärken:

- Mit der Reizüberflutung sinkt die Aufmerksamkeitsspanne (vgl. Studie des Max-Planck-Institutes: https://www.nature.com/articles/s41467-019-09311-w).

Vielleicht wäre es aber sinnvoller anzumerken, dass sie nicht sinkt, sondern auf kurze und schnelle Reize konditioniert wird.

- Teile des Gehirns werden laut Beobachtungen bei intensiver Smartphone-Nutzung für Daumen-Reize messbar aktiver und sensibler. Ein positiver Effekt. Generell dürfte die manuelle Geschicklichkeit außerhalb der üblichen Berufe eher zugelegt haben. Das ist aber wiederum nur eine These.
- Manche Studie legt nahe, dass eine intensive Nutzung von digitalen Medien, die für eine Vielzahl der Reize verantwortlich sind, Ängste, Aufmerksamkeitsstörungen, Bewegungsmangel oder Depressionen verstärkt oder Wahrnehmungsprobleme erst schafft. Dazu ein Beispiel aus Großbritannien: (https://www.rsph.org.uk/uploads/assets/uploaded/62be270a-a55f-4719-ad668c2ec7a74c2a.pdf).
- Manche Untersuchung möchte einen Zusammenhang zwischen ADHS und Digitalkonsum nachgewiesen haben: https://jamanetwork.com/journals/jama/article-abstract/2687861.

Die Liste lässt sich lange fortsetzen, allerdings steht es außer Frage, dass die Untersuchungen mehr in die Richtung gehen, eine schädigende Wirkung der Reize nachzuweisen denn eine förderliche. Gerne werden dann auch vorläufige Thesen wie, dass Bildmedien die Großhirnrinde von Kindern schrumpfen lassen würden, als Tatsache hingestellt. Die Studien lassen

Der Mensch wird in Teilen neu programmiert. Erfolgt das alleine durch geschickte Manipulatoren? Nein, das wäre zu einfach, denn der Empfänger der Reize fordert diese auch

---

diesen Schluss aber lediglich bedingt zu und weitere Ursachen offen.
(Beispiele: https://onlinelibrary.wiley.com/doi/full/10.1111/adb. 12570 oder alternativ https://journals.plos.org/plosone/article?id=10.1371/j ournal.pone.0195549) Da es sich um ein neues Phänomen handelt, liegen noch keine divers interpretierbaren Langzeitstudien vor und selbst dann wird man in Zukunft vor dem Problem der Vergleichsgruppen stehen.

Wichtig für uns bleibt an dieser Stelle lediglich, dass die intensivierte Reizüberflutung Folgen hat. Der Mensch wird durch die Reize neu programmiert und konditioniert. Ob das nun positiv oder negativ zu werten ist, soll uns im Moment nicht interessieren, denn dies ist in einer vernetzten Welt mit mannigfaltigen Einflussfaktoren nicht so einfach und eindeutig zu entscheiden, wie es manche gerne tun würden. Vielleicht benötigt die Welt des kollektiven Individualismus weitaus weniger der alten, dafür umso mehr der Reizmenschen? Dennoch bleibt festzuhalten, dass es sich um einen beidseitigen, also sowohl vonseiten des Senders als auch des Empfängers, Gewöhnungs- und Anpassungsprozess handelt.

und trägt aktiv zur eigenen Einbettung bei. Im Grunde genommen lässt sich an dieser Stelle ähnlich argumentieren wie im Falle des Verhaltenskapitalismus.[77]

Dass die Tiefe der Konditionierung milieubedingt und auch individuell[78] unterschiedlich ausfällt, wurde bereits bemerkt. Lediglich ein Teil der Menschheit hat daher die „evolutionäre" Entwicklung zum Homo stimulus bereits hinter sich. Künftige Generationen werden allerdings in einem Zeitalter des kollektiven Individualismus heranwachsen und damit praktisch von Geburt an mit Reizen konfrontiert werden. Sie werden sich – wollen sie die Vorzüge einer hochtechnologischen Welt der Konditionierung genießen – diesen auch kaum entziehen können.[79] Bis es allerdings so weit ist, soll ein kurzer Blick auf den bisherigen

---

[77] Vgl. Kapitel 2.4.

[78] Damit sind nicht nur Umfeldfaktoren, sondern eben auch die natürlichen Anlagen gemeint.

[79] Dabei handelt es sich um ein globales Phänomen, denn die Entwicklung wird hier auch in Entwicklungsländern sprunghaft sein. Während es vielleicht dauerhaft an der einfachsten Infrastruktur mangelt, wird jene für die moderne Reizsetzung geschaffen werden oder existiert bereits, denn auch heute ist der faszinierende und erschreckende Gegensatz zwischen

Weg geworfen werden: auf die historische Entwicklung der modernen Reizgesellschaft.

Armut und Hunger bei gleichzeitigem Vorhandensein eines Smartphones selbst in den ärmsten Ländern, die nicht unbedingt diktatorische Strukturen aufweisen, zu beobachten. Diese Sprünge mögen auf den ersten Blick nicht in beliebte Entwicklungsschemata passen, sind und bleiben aber Realität. Der Zeitenwandel kennt hier keine Auslassung. Gleichzeitig machen Verhaltenskapitalismus und Homo stimulus auch vor autoritären Staaten wie China nicht halt. Im Gegenteil werden die Prinzipien dort gerade perfektioniert, wobei der Staat selbst die Rolle der Verhaltenskapitalisten einnimmt.

3.2 Die Entwicklung der modernen Reizgesellschaft

„Eine neue Zeit braucht neue Ideen. Oder zumindest

passende."

Die (moderne) Reizgesellschaft kam nicht aus dem obskuren Nichts, sondern blickt auf eine lange Entstehungsgeschichte zurück.[80] Diese soll nun in der Folge näher beleuchtet werden.

Spätestens im 19. Jahrhundert gewann die Überzeugung, dass der Geist und die Seele des Menschen entbehrlich sind und nur die richtigen Schalter betätigt werden müssen, um eine bestimmbare Reaktion auszulösen, in der wissenschaftlichen Welt verstärkt an Einfluss. Durch die industrielle Revolution vorangetrieben, entwickelte sich langsam ein neues Menschenbild: Das Individuum an sich ist nichts

---

[80] Auf den Umstand, dass dabei unterschiedliche Faktoren miteinander in Wechselwirkung stehen müssen, wurde mehr als einmal deutlich hingewiesen. Dem gesamten Werk liegt diese Annahme zugrunde.

mehr als eine komplexe biologische Maschine. Die einzelnen Bestandteile mussten lediglich verstanden werden, um letztendlich selbst zum Schöpfer werden zu können. Zwar teilten nicht alle, im Besonderen die klerikalen Stellen, diese Ansichten und doch setzen sie sich am Ende durch. Der Mensch wurde letztendlich mehr und mehr auf das Irdische, das Sichtbare reduziert. Wissenschaft contra Mythos und Religion. Erklärbare Materie gegen übersinnliche Seele. Reine Empirie gegen innere psychologische Vorgänge. Wenn wir es von der philosophischen Sicht her betrachten wollen, erkennen wir hier Materialismus und dessen Spielarten Naturalismus sowie Realismus in Reinform.[81] Befreit von klerikalen Fesseln, galt es nun, das Rätsel Mensch zu

---

[81] Bezeichnenderweise spielt der neue Glaube an die Technik parallel zur Wissenschaft auch in der zeitgenössischen Literatur eine große Rolle und trug dazu bei, das neue Gedankengut in der Öffentlichkeit zu verbreiten. Obwohl viele dieser Werke letztlich nichts mehr als eine schwärmerische Utopie darstellten, waren sie doch Teil eines schöpferischen neuen Geistes: Alles ist erklär-, nichts unerreichbar. Zahlreiche, auch heute noch bekannte literarische Werke, wie z. B. Mary Wollstonecraft Shelleys „Frankenstein" (oder der moderne Prometheus, 1818) oder Jules Vernes „Die Reise zum Mittelpunkt der Erde" (1864), entstanden und faszinierten Generationen.

lösen, und die Folge war ein Hoch der Wissenschaft, Pseudowissenschaft und Populärliteratur in diesem Gebiet und artverwandten Bereichen.[82] Alte Fragen der Philosophie konnten neu formuliert und empirisch erforscht werden. Was macht den Menschen aus? Was ist menschliches Verhalten? Ist es steuerbar? In der Folge näherte man sich die-

---

[82] Erinnern wir hier nur stellvertretend an folgende populäre Ideen, die nachhaltig das Bild des Menschen veränderten. Nicht jede Schrift hält oder hielt dabei einer wissenschaftlichen Überprüfung stand. Manche zog sogar schreckliche Folgen nach sich. Es geht daher bei dieser unvollständigen Aufzählung um Einfluss, nicht um wissenschaftlichen Wert:

- Evolutionstheorie (Charles Darwin, 1859)
- Psychoanalyse (Sigmund Freud, ab 1883)
- Anthropogenie (Ernst Haeckel, 1874)
- Vererbungslehre (Georg Mendel, ab 1856)
- Ungleichheit der Menschenrassen (Joseph Arthur de Gobineau, ab 1853)
- Massenpsychologie (Gustave Le Bon, 1895)
- Popularisierung des Rassismus (Houston Stewart Chamberlain, ab 1899)
- Popularisierung des Kommunismus (Karl Marx, ab 1849)

sen Fragen aus verschiedenen Perspektiven, die hier lediglich zum Zwecke der Veranschaulichung getrennt werden, obwohl ein Separatismus hier wenig Sinn machen sollte:

- Wissenschaft (Massenpsychologie,[83] Individualpsychologie,[84] Biologie,[85] Juristik[86] und andere Bereiche),

---

[83] Ein Meilenstein ist hier sicher Gustave Le Bons „Psychologie der Massen" von 1895. Le Bon gilt als Gründer der Massenpsychologie. Selbst von Charles Darwin und Ernst Haeckel tief beeinflusst, strahlte er wiederum nicht nur auf Sigmund Freud, der sich in seinem Werk „Massenpsychologie und Ich-Analyse" von 1921 ganz direkt auf den Franzosen bezieht, sondern auch auf Hitler und Stalin aus. Speziell die Passagen zur Propaganda in Hitlers „Mein Kampf" weisen erstaunliche Parallelen zu Le Bons Werk auf.

[84] Obwohl es auch Vorläufer gibt, wird diese in der Regel auf Sigmund Freud zurückgeführt. Seitdem wurde dieser Sektor vielfach um- und ausgebaut.

[85] Diese beginnt, wohlgemerkt in der Moderne, mit Darwin und setzt sich bis zur Hirnforschung fort.

[86] In dem Sinne, dass sie die Beziehungen zwischen Menschen und deren Verhalten gesetzlich regeln muss. Die Fragen nach beispielsweise Geschäftsfähigkeit, Willen, Mündigkeit oder Zurechnungsfähigkeit sind dort von entscheidender Relevanz.

- Wirtschaft (Verkauf, Markenaufbau, Markenführung, Werbung und andere Bereiche),[87]

- Politik (Politische Propaganda, Werbung, Kommunikation und andere Bereiche),

- Technik (Arten der Kommunikation selbst und deren Mittel).[88]

Diese Bereiche verschmolzen und standen in Wechselbeziehungen miteinander. Zunächst geschah dies in der Nische. Später wirkten Politik und Wirtschaft als verschmelzende Elemente[89] und sorgten für die praktische Umsetzung mancher Theorie und damit auch für die Aussendung

---

[87] Das Wort „Verkauf" mag profan klingen, allerdings gilt es, solange nicht ein totaler Verkäufermarkt, gepaart mit einem Monopol, oder zumindest ein Oligopol besteht, die jeweilige Ware auch an den Mann zu bringen. Hierfür bedurfte es wiederum entsprechender Überlegungen, die immer weiter verfeinert wurden.

[88] Der Reiz muss immer auch seinen Weg zu den Empfängern finden. Der technische Fortschritt ermöglichte es, diesen immer weiter zu verbreitern und auszubauen.

[89] Kritiker mögen hier einwenden, dass diese bipolare Darstellung beispielsweise noch durch die freie Presse ergänzt werden könnte, allerdings wollen wir uns zum einen nicht in

von Reizen.[90] Konkurrierten diese beiden Machtfaktoren bis zum Zweiten Weltkrieg noch, erringt der Kapitalismus, spätestens nach dem Ende des grausamen Schlachtens, das Primat der Praxis, beginnt, die Wechselwirkungen zu dominieren, und richtet diese auf sich aus. Zumindest gilt das in der westlichen Welt, während in der sozialistischen Einflusszone die Reizsendung und der praktische Nutzen der Erkenntnisse weiter von der politischen Ebene gestaltet wurden. Diese Entwicklung soll uns aber weniger interessieren. Stattdessen betrachten wir die westliche Einfluss-

---

zu vielen Details verlieren und zum anderen kann durchaus argumentiert werden, dass bei einem Primat der Politik in der Regel auch die Presse unter Kontrolle gebracht wurde, während bei einem Primat der Wirtschaft diese sich auch als Marktteilnehmer betrachten lässt. Tatsächlich besteht diese klare Abgrenzung auch nicht und sie dient lediglich zur Vereinfachung.

[90] Während beispielsweise in den USA das kapitalistische Wirtschafssystem sehr schnell eine dominierende Rolle in der Reizaussendung einnahm, spielte der Staat in Europa und der übrigen Welt oft eine wichtigere Rolle. Extrem zeigten sich hier der faschistische und der kommunistische Block.

sphäre nach dem Ende des Zweiten Weltkrieges. Hier lassen sich folgende vom wirtschaftlichen System geprägte Phasen erkennen:[91]

- **Ab 1950:** Orientierung beim wirtschaftlichen Marketing an der Produktion aufgrund der Nachkriegsnachfrage. Diese ist so groß, dass sich die Produkte praktisch von allein verkaufen. Große Bewerbungen sind gar nicht nötig.

Auch auf dem politischen Feld ist die Bevölkerung für ein angemessenes Angebot politischer Inhalte dankbar und akzeptiert diese. Speziell in Ländern wie Westdeutschland ist nach den Erfahrungen mit der nationalsozialistischen Propaganda Zurückhaltung praktisch Staatsräson.[92] Die Reizbeeinflussung ist noch auf wenige Medien und die Öffentlichkeit beschränkt.[93]

---

[91] Angemerkt sei, dass diese zeitlich für einzelne Länder des Westens leicht variieren können.

[92] Zudem kristallisierte sich mit dem aufziehenden Kalten Krieg ein klares äußeres Feindbild heraus, das sich für politische Botschaften gewinnbringend nutzen ließ.

[93] Hier reden wir konkret von Medien wie beispielsweise Zeitungen, Anzeigenblättern, Werbung am Point of Sale bzw.

Ein Entzug ist einfach und die Reize werden sogar in direkten Zusammenhang mit steigendem Wohlstand und Massenkonsum gebracht.[94]

- **Ab 1960:** Es erfolgt eine Orientierung an Verkaufsmethoden und Vertrieb. Die Nachfrage ist noch immer gigantisch, allerdings wird es notwendig, sich auch wegen gestiegener Konkurrenz dem Kunden in Erinnerung zu rufen. Wissenschaftliche Erkenntnisse zur Beeinflussung gewinnen an Bedeutung.[95]

---

der näheren Umgebung oder Radio. Das Fernsehen startete zwar in vielen westlichen Ländern, wenn man einmal von kurzweiligen Experimenten in den Dreißigern absah, in der Regel in den Fünfzigern, erreichte aber lediglich einen Bruchteil der Konsumenten.

[94] Es gab sogar die populäre These, dass der Massenkonsum die gesellschaftlichen Hierarchien der Gesellschaft beseitigen würde – quasi der kapitalistische Sozialismus.

[95] Die Grundlagen des Marketings sind weitaus älter, denn sie sind so alt, wie das Verkaufen an sich ist. Betrachtet man nur das Ende des 19. sowie den Anfang des 20. Jahrhunderts, finden sich auch in Gustave Le Bons „Psychologie der Massen" von 1895 konkrete Überlegungen in diesem Bereich:

„[..] Eine der wichtigsten Aufgaben der Staatsmänner besteht also darin, die Dinge, die die Massen unter ihren alten

Gleiches gilt für das politische Marketing. Noch ist ein Großteil der Gesellschaft mit dem Angebot zufrieden, allerdings entsteht gegen Mitte bis Ende des Jahrzehnts die erste Nachfrage nach politischen Gütern, die durch das bisherige Angebot nicht mehr befriedigt werden kann. Erste politische Bewegungen jenseits des etablierten Spektrums werden von einer breiten Öffentlichkeit wahrgenommen.[96]

Bezeichnungen verabscheuen, mit volkstümlichen oder wenigstens bedeutungslosen Namen zu taufen. Die Macht der Worte ist so groß, dass gutgewählte Bezeichnungen genügen, um den Massen die verhasstesten Dinge annehmbar zu machen. [..]"

Die Grundlagen waren daher schon vorhanden. Nun ging es jedoch um die konkrete Umsetzung und dafür lieferten Theorien wie der Behaviorismus neue Ansätze.

[96] In den Sechzigerjahren entwickelt sich in der westlichen Welt ein Generationenkonflikt, der seine Entladung u. a. in den Protesten gegen den Vietnamkrieg oder in antikapitalistischen Bewegungen fand. Politische Impulse und Alternativen entstanden so außerhalb des Establishments. Diese waren erst einmal lautstark, sollten aber noch ihre Wirkung entfalten. Mit diesen neuen Milieus wusste man lange nicht umzugehen.

Die Methoden der Reizübermittlung werden vielfältiger und wirksamer, denn das Fernsehen findet immer mehr Verbreitung. Als unangenehm werden sie noch nicht empfunden. Stattdessen ist man in vielen westlichen Ländern noch sehr zufrieden mit dem errungenen Wohlstand und Konsum.[97]

- **Ab 1970:** Es erfolgt die Orientierung am Markt. Die Nachfrage ist gesättigt, die Konkurrenz groß und die Produzenten werden gezwungen, die Bedürfnisse der Konsumenten genauer zu erforschen sowie zielgerichtete Angebote zu machen. Hierzu gehört auch, die oft theoretischen Kenntnisse über das Verhalten des Menschen, die teilweise bereits im 19. Jahrhundert etabliert wurden, tiefer und experimentell (z. B. Verhaltensforschung, Hirnforschung usw.) zu analysieren. Parallel dazu tritt die

---

[97] Die These der gesellschaftlichen Vereinheitlichung durch Massenkonsum wird allerdings fallen gelassen und mehr oder weniger nun das Gegenteil postuliert. Spätestens ab 1965 wird auch dieser Ansatz kritisch betrachtet werden.

Kritik am Massenkonsum aus der Nische endgültig heraus.

Der politische Markt folgt der veränderten Marktlage: Die etablierten politischen Kräfte passen sich teilweise erfolgreich an und dort, wo das nicht gelingt, etablieren sich vermehrt außerparlamentarische Oppositionsbewegungen als neue Anbieter. Mittlerweile ist es offensichtlich, dass sie dauerhaften politischen Einfluss ausüben werden. Ihr Marsch durch und in die Institutionen steht bevor.

Eine konkrete Reizsetzung ist nun erforderlich, um Produkte – seien sie wirtschaftlich oder politisch – veräußern zu können. Trotz der wachsenden Kritik an der Reizsetzung sind die etablierten Medien dazu ein gutes Mittel, da sie den Markt für die Anregungen klar beherrschen.[98]

---

[98] Kritik ist ein Stilmittel der Zeit. Hier zwischen Politik und Wirtschaft zu trennen wäre sinnbefreit, denn es handelte sich um ein umfassendes Hinterfragen des westlichen Systems, das natürlich am Ende auf bestimmte Milieus begrenzt bleibt.

- **Ab 1980:** Es kommt zur Orientierung am Wettbewerb. Der Markt ist hart umkämpft und Marktanteile gewinnt derjenige, der Alleinstellungsmerkmale präsentieren kann. Image und Markenführung werden zunehmend wichtiger. Parallel werden die Wahrnehmungsmechanismen des Gehirns noch intensiver erforscht und finden in der Bewerbung ihre Anwendung.[99]

Analog entstehen auch mehr und mehr politische Mitspieler, die Marktanteile (= Wählerstimmen) auf sich vereinigen können. Die etablierten politischen Kräfte versuchen, die nicht gesättigte Nachfrage nach politischen Gütern (z. B. Umweltschutz) in ihren bisherigen Markenkern mit aufzunehmen, was aber lediglich teilweise gelingt. Das politische Marketing orientiert sich mehr und mehr am wirtschaftlichen.

---

[99] Hierzu zählen beispielsweise Elemente wie die „Augenkamera", die genau verfolgt, welche Waren in einem Supermarkt ein Kunde wie und wie lange wahrnimmt, woraus wiederum geschlossen wird, wie die Konsumgüter in den Regalen am verkaufsfördernden eingeräumt werden könnten.

Reize durch Werbung sind mittlerweile allgegenwärtig und Teil der Konsumgesellschaft. Die Kritik daran ist nun gesellschaftsfähig, dennoch werden die Anregungen zum Kauf akzeptiert.[100]

- **Ab 1990:** Es erfolgt eine Orientierung an den neuen Milieus. Die Gesellschaft hat sich in den letzten Jahrzehnten verändert. Kunden müssen individuell in ihrer Lebenswirklichkeit angesprochen werden. Nur die wenigsten Produkte funktionieren noch ohne entsprechendes Marketing. Die Konkurrenz ist groß. Die mutmaßlichen Erkenntnisse aus der Verhaltens- und Hirnforschung gelten mittlerweile als unverzichtbar. Aufgrund der ent-

---

[100] Die gesellschaftliche Lage hatte sich teilweise beruhigt, während parallel die politische Alternative zum Westen, das kommunistische System, massiv an Attraktivität verlor und es sich verstärkt abzeichnete, dass dieses vor dem Zusammenbruch stand. Zudem wuchs eine neue Generation heran, die bereits in eine Konsumgesellschaft hineingeboren war. Die Milieus veränderten und spalteten sich.

standenen Lebenswirklichkeiten können Konsum-
kritik sowie ungezügelter Massenkonsum bequem
nebeneinander existieren.[101]

Parallel orientiert sich auch die Politik verstärkt an
den Milieumodellen, um die Menschen zu erreichen. Auch hier hat sich der Konkurrenzkampf intensiviert. Immer mehr setzt sich die Überzeugung
durch, dass Image und Markenführung wichtiger
sind als das Produkt selbst – in diesem Fall die politischen Inhalte. Die Anwendung von Manipulati-
onstechniken über Sprache und Bilder erreicht einen Höhepunkt.[102]

Politik, Medien und Wirtschaft reizen die Möglichkeiten der Reizübermittlung durch vorhandene
Kommunikationsmittel nun aus und erreichen ein
maximales Level der Perfektion. Das Mobiltelefon

---

[101] Wobei die Seite des Massenkonsums klar die größere ist.
Selbstverwirklichung wird immer wichtiger. Der Trend geht
bereits seit Jahren zu einer langsamen Individualisierung.

[102] Heute würde man diese Techniken z. B. als Framing oder
Priming bezeichnen.

und das Internet verheißen allerdings ein Ende dieser Dominanz, wenngleich diese neuen Möglichkeiten noch eine untergeordnete Rolle spielen.

Begriffe wie „Reizüberflutung" sind bereits in die Alltagssprache eingedrungen, allerdings wuchsen inzwischen mehrere Generationen damit auf und sehen trotz der Steigerung der Intensität der Stimuli oft keine Notwendigkeit der Entziehung.[103]

- **Ab 2000:** Es findet eine Erweiterung der sich stetig entwickelnden Milieubetrachtung durch neue Medien und Technologien statt. Die digitale Welt erweitert die Möglichkeiten, die Kunden zu erreichen, massiv und eröffnet neue Perspektiven auf allen Ebenen. Märkte und Geschäftsfelder entstehen, welche die bisherigen wirtschaftlichen und politischen Machtverhältnisse langsam ins Wanken

---

[103] Für die Neunzigerjahre wird oft der Begriff der „Spaßgesellschaft" verwendet, um sie global in Bezug auf westliche Länder zu beschreiben. Diese pauschale Bezeichnung ist nicht richtig, wenngleich sie auch, indem sie das entstandene hedonistische Milieu in den Vordergrund rückt, auf massive gesellschaftliche Veränderungen hinweist.

bringen.[104] Verhalten wird – fast unbemerkt – zum Produktionsfaktor und der Verhaltenskapitalismus beginnt, sich als neue Spielart des Kapitalismus zu verankern.[105]

Die Welt dreht sich schneller und die Zersplitterung der Milieus durch den nun auftretenden Zeitenwandel[106] setzt eine kaum absehbare Dynamik

---

[104] Beispielsweise erlebten die in den Neunzigern gegründeten heutigen Technologieriesen Google (1998), Ebay (1995) und Amazon (1994) in dieser Periode ihren Durchbruch, während andere wie Facebook (2004) oder YouTube (2005) erst später gegründet wurden.

[105] Vgl. das vorherige Kapitel.

[106] Siehe 1. Kapitel; zur Erinnerung:
Unter einem Zeitenwandel versteht man einen zeitlichen Abschnitt, in dem sich dessen einzelne Elemente auf eine solche Art und Weise dynamisch gegenseitig beeinflussen, dass diese eine Neuordnung der bisherigen (globalen) Machtverhältnisse bewirken können.
Diese Elemente sind:
1.) Technologischer Fortschritt,
2.) Aufstieg neuer Konkurrenten auf den Weltmärkten,
3.) Schwäche der bisherigen herrschenden Elemente,
4.) Veränderung der Umweltbedingungen,
5.) Fehlende Perspektiven.

frei. Das Sichere wird infrage gestellt – ein Umstand, der die Saat der Entfremdung streut, die im folgenden Jahrzehnt aufgehen soll.

Im Gegensatz zur Wirtschaft reagiert die politische Welt auf die technische Veränderung und den Zeitenwandel deutlich verzögert[107] und verlässt sich lieber und zu lange auf einzelne alternde Milieus, die einer bestimmten politischen Partei, oft unabhängig vom Inhalt, die Treue halten.

Zudem unterliegt man der Illusion, dass der starke Einfluss auf jene Kräfte, welche die Mehrheit der Bevölkerung bislang als Informationsmittel (z. B. Zeitungen, Fernsehen) genutzt hat, auch künftig die Kommunikation dominieren wird. Dass aus einer beherrschbaren, kleinen Engstelle, die alle Schiffe passieren müssen, langsam erst ein breiter Fluss wurde, der schließlich zum Ozean wird, erkennen die politischen Kräfte oft nicht oder viel zu

---

[107] Diese Bezeichnung ist bereits euphemistisch, denn in Wahrheit reagieren große Teile des politischen Establishments gar nicht und verstehen den Zeitenwandel nicht.

spät. Die digitale Welt bleibt lange fremd und unverständlich, obwohl sich Mobiltelefone und Internet unübersehbar durchsetzen und moderne Smartphones spätestens ab 2007 massiv an Marktanteilen im mobilen Bereich gewinnen.

Aus der Reizüberflutung ist inzwischen ein Reizbombardement geworden. Da jedoch Generationen daran gewöhnt sind, spielt diese Steigerung, außerhalb bestimmter Milieus, in der Medienkritik kaum mehr eine relevante Rolle. Zudem werden Möglichkeiten der dialogischen Reizsetzung etabliert. Es handelt sich immer weniger um eine einseitige Kommunikation, sondern die aktive Anforderung von Reizen spielt eine zentrale Rolle in der neuen Reizgesellschaft.

- **Ab 2010:** Die Märkte haben sich komplett verändert. Der Kunde hat nun umfassende Möglichkeiten der Information. Internetnutzung sowie das Smartphone sind Teil des Alltags.[108] Der Markt ist

---

[108] Es genügen allein eine einfache Fahrt in der Straßenbahn einer Großstadt und die Beobachtung, dass eine große Anzahl

nun auf eine neue Art und Weise transparent, was völlig neue Strategien erfordert.

Das Abschöpfen individueller Daten sowie die Bedürfniserkennung des einzelnen Kunden rücken in den Mittelpunkt. Um das zu maximieren, wird der Kunde maximal eingebettet und entsprechende Informationen werden abgeschöpft. Mit dieser Methode lassen sich zwar längst nicht alle Kunden und Lebenswirklichkeiten erreichen, aber doch ein

---

der Fahrenden sich dauerhaft mit dem Smartphone beschäftigen wird, sowie das Wissen, dass ganze Generationen auf diese Art und Weise geprägt werden oder schon wurden.
Dies lässt sich auch mit Zahlen untermauern: So gab es in Deutschland im Jahr 1999 noch unter 25 Millionen Mobilfunk-Verträge, während es im Jahr 2018 etwas weniger als 130 Millionen waren. Eine beeindruckende Zahl mit einer klar erkennbaren Tendenz:
Es ist gar nicht vorgesehen, sich diesen Reizen zu entziehen, sondern im Gegenteil werden diese gewollt und in Form des Gerätes stets bei sich getragen. Möglicherweise besteht teilweise auch schon eine gewisse Abhängigkeit.

stetig wachsender Anteil.[109] Das Prinzip des Reiz-dialogs, nach dem Reize auch von den früheren Empfängern (= Kunden, Wähler, Interessenten, Konsumenten usw.) angefordert werden, verändert die Kommunikation nachhaltig.

Der Verhaltenskapitalismus ist fest etabliert und gewinnt zunehmend an Macht und Einfluss.[110]

Die etablierten politischen Kräfte orientieren sich noch immer überwiegend an Milieumodellen. Den erstarkten Milieukampf[111] und die weitere Erosion der Lebenswirklichkeiten nehmen sie hingegen ebenso nur am Rand wahr wie die Identifikations-dissonanzen.[112] Hatte sich die Politik den wirtschaftlichen Werbemethoden einst angenähert und

---

[109] Letztendlich ist es nur eine biologische Frage, bis jede lebende Generation in einer Welt voller Reize aufgewachsen sein wird.

[110] Vgl. vorheriges Kapitel.

[111] Vgl. 4. Kapitel.

[112] Vgl. 4. Kapitel.

sie übernommen, so zeigt sie nun zu wenig Bereitschaft, sich mit den neuen technischen Möglichkeiten zu befassen. Bewährte Reize und Kommunikationsformen verlieren aber an Wirksamkeit. Die digitale Welt wurde als Informationsquelle ebenso unterschätzt, wie die Wirkung der bislang erfolgreichen Medien (z. B. Fernsehen) noch immer überschätzt wird.

Auf die neuen Arten der Kommunikation sowie auf den Zeitenwandel im Allgemeinen ist man nicht ausreichend vorbereitet und trifft somit strategische Fehlentscheidungen, die zu einer Entfremdung und einer falschen Einschätzung der Bedürfnisse der Wähler führen. Die Folge sind der massive Verlust an Marktanteilen (= Wählerstimmen) sowie die Chance für neue politische Kräfte, die nicht unbedingt in Parteienform auftreten müssen, diese schnell zu gewinnen.

Die stetige Präsenz von Reizen ist für große Teile der Milieus bereits Normalität und wird nicht als unangenehm wahrgenommen. Im Gegenteil setzt man sich diesen gerne freiwillig aus, solange diese

die eigenen Bedürfnisse befriedigen. In vielen Fällen sind die Reize sogar ausdrücklich erwünscht
und deren Fehlen wird als Mangel betrachtet.[113]

So leitet die Kombination aus Zeitenwandel, Verhaltenskapitalismus sowie Reizgesellschaft eine
neue Ära ein: jene des kollektiven Individualismus.

- **Das Zeitalter des kollektiven Individualismus:**[114] Es erfolgt der Versuch, den Kunden vollständig einzubetten und seine Bedürfnisse unmittelbar zu erfahren sowie möglichst zeitnah zu er-

---

[113] Internetsucht ist mittlerweile auch als Krankheit
(Klassifikation nach ICD-11) anerkannt. Die Smartphone-
Abhängigkeit könnte dieser bald folgen. Allerdings ist nicht
jeder, der sehnsüchtig auf die nächste Nachricht wartet oder
seine Likes bzw. den Status überprüft, als krank zu
bezeichnen. Wir reden hier von Extremen.

[114] Und wieder sei das Blättern erspart: Unter einem
kollektiven Individualismus wird ein Individualismus
verstanden, bei dem das Individuum so eingebettet wird, dass
die individuelle Selbstentfaltung innerhalb eines nicht oder
kaum sichtbaren Rahmens erfolgen kann. Der kollektive
Individualismus ist zugleich die Bezeichnung einer
Zeitperiode.

füllen. Hierfür erweist sich eine dauerhafte Daten-
abschöpfung durch digitale Vernetzung als unabdingbar. Eine individuelle Steuerung über Algorithmen, KI und Bots in der eigenen digitalen Lebenswirklichkeit bei gleichzeitiger Verschmelzung
der digitalen und der realen Welt findet statt. Der
Konsum wird individueller und ist es dennoch nur
zum Schein, da die Methoden kollektiv gesteuert
werden. Die Etablierung eines vollkommenen kollektiven Individualismus scheitert aber noch immer an den Milieus.[115]

---

[115] Und das vermutlich noch das komplette 21. Jahrhundert
lang; zwecks Unterscheidung:

Vollständiger kollektiver Individualismus
Der vollständige kollektive Individualismus ist das Produkt
eines totalen Individualisierungsprozesses, der nicht mehr
durch Milieukämpfe sowie weitere Einschränkungen
gehemmt wird. Er ist die Reinform bzw. das Ideal des
kollektiven Individualismus und dürfte im 21. Jahrhundert
nicht mehr erreicht werden.

Unvollständiger kollektiver Individualismus
Der unvollständige kollektive Individualismus ist ein
kollektiver Individualismus, bei dem der Individualisierungs-
und Einbettungsprozess gehemmt oder verlangsamt wird

Hingegen wird die Identitätsdissonanz immer grö-
ßer.[116] Er ist daher als unvollständig zu betrachten. Das
Leben in einer eigenen Welt wird aber in großen Teilen
möglich sein. Der Verhaltenskapitalismus baut seine
Macht dagegen weiter aus.[117]

Das politische Establishment verliert weiter an Marktanteilen und wird schwere Krisen erleben, wenn keine
radikale Kehrtwende gelingt.[118] Einzelne Parteien sowie neue Bewegungen schaffen den Anschluss an die
Moderne, verfügen aber nicht über die gleichen Daten

---

bzw. nicht vollständig abgeschlossen werden kann. Typische
Faktoren dieser Hemmung wären z. B. Milieukämpfe oder die
Identifikationsdissonanz. Es handelt sich daher um eine
aktuelle Realitätsform. Der kollektive Individualismus des 21.
Jahrhunderts wird ein unvollständiger sein.

[116] Vgl. 4. Kapitel.

[117] Dies wurde durch die Corona-Pandemie noch zusätzlich
vorangetrieben, die in dieser Hinsicht, wenngleich auch
indirekt, als Beschleuniger diente.

[118] Alternativ wäre auch ein Katastrophenszenario denkbar.
Ob Covid-19 mittel- und langfristig dieses Potenzial zur
Wiederbelebung der Volksparteien hat, bleibt fraglich, wäre
aber, je nach Verlauf, möglich.

und Einbettungsmechanismen wie die etablierten Konzerne. Daher werden sich neue Formen des politischen Marketings etablieren.

Allerdings verfügen die besagten Konzerne über die entsprechenden Verhaltensdaten und die Frage, ob diese Unternehmen in Zukunft somit nicht noch einen weitaus größeren Einfluss auf die bestehende Ordnung haben werden, als sie diesen ohnehin bereits besitzen, muss durchaus gestellt werden.[119] Generell besteht aber die Tendenz dazu, dass sich in der westlichen Welt das Primat der Wirtschaft durchsetzen wird, während im gelenkten Kapitalismus östlicher Prägung die Politik den Willen aufzeigt, den Verhaltenskapitalismus zu dominieren. Man denke hier nur an Chinas soziales Kreditsystem.

---

[119] Dies ist eine mögliche Zukunft, ob es tatsächlich dazu kommen wird, ist abzuwarten. Die Tendenz ist jedenfalls vorhanden und sie wurde durch das Corona-Virus zusätzlich verstärkt, da es den Verhaltenskapitalisten in kürzester Zeit die Erhöhung der eigenen Marktanteile ermöglicht hat. Und so bleibt es fraglich, ob sie diese wieder verlieren werden.

Die Technik schreitet weiter voran und verbessert die Kommunikationsmethoden sowie die Möglichkeiten der Einbettung. Die Reizsetzung erfolgt nun dauerhaft in beide Richtungen. Der ursprüngliche Sender (Verkäufer, politische Kraft, Medium usw.), dessen Rolle irgendwann vollständig von einer KI übernommen werden dürfte, regt den ursprünglichen Empfänger (Kunde, Wähler, Interessent usw.) an und der Homo stimulus sendet wiederum stetig.[120] Es kommt zu Bedürfnisimpulsen, ohne dass dieses Vorgehen von der breiten Masse hinterfragt werden wird. Es entsteht ein Dialog, der alte Marketingmethoden final ersetzt. Da der Reizaustausch das eigene Verlangen befriedigt, werden

---

[120] Relativ sicher wird auch auf dieser Seite die Anzahl der Entscheidungen, die nicht mehr von Menschen, sondern von einer KI getroffen werden, zunehmen. Der elektronische Assistent ist in manchen Bereichen auch bereits Wirklichkeit. Man denke hier nur an Gesundheits- und Fitness-Apps. Warum dann nicht die KI in ein paar Jahren komplett den lästigen Wocheneinkauf erledigen lassen? Schließlich kennt sie die eigenen Bedürfnisse bald besser, als man sie selbst je kannte.

viele Stimuli, wenn sie die Schwelle der Wahrnehmung überschreiten, vermehrt als positiv wahrgenommen. Diese dienen letztlich der Bedürfniserforschung und Bedienung und münden in einer individualisierten Wirklichkeit, in der sich alles um den Homo stimulus dreht und die nur für ihn geschaffen wurde.[121] Kritik kommt, so ist zu vermuten, mit dem Ausscheiden älterer Generationen langsam aus der Mode und verschwindet in der Nische.

Die Form der Stimulusübermittlung könnte sich dabei auch weiterentwickeln, denn wenn bislang die Wirkung von Stimuli beschrieben wurde, entstand der Eindruck, dass diese zwangsläufig extern einwirken. Dies wird die nahe Zukunft für einen großen Teil der Bevölkerung auch überwiegend prägen.[122]

---

[121] Da die Welt zwar individuell ist, aber für alle nach denselben Regeln gebildet wird, sei daran erinnert, dass wir dieses Zeitalter das des kollektiven Individualismus nennen.

[122] Die Unterscheidung „intern/extern" ist an dieser Stelle keine saubere, soll aber in der Folge verdeutlicht werden.

Die Wahrscheinlichkeit, dass der Homo stimulus bald nicht nur externen, sondern vermehrt auch internen Reizen ausgesetzt werden wird bzw. sich diesen freiwillig aussetzt, ist aber gegeben. Dies bedeutet nichts anderes, als dass das Innere des Körpers direkt beeinflusst wird, wobei der Hinweis erfolgen soll, dass der Begriff „Reiz" nun maximal weit zu fassen ist.

Der Gedanke, dass steuernde Reize direkt im Körper, bevorzugt wohl im Gehirn, ausgelöst werden, ist ein unpopulärer, aber dennoch ein realistischer.[123]

Dass eine Trennung aufgrund der Aktivität der inneren Aktivitäten im menschlichen Körper lediglich begrenzt Sinn ergibt, ist dem Autor dieser Zeilen bewusst. Es geht ihm aber an dieser Stelle weniger um wissenschaftliche Exaktheit als um plastische und anschauliche Darstellung.

[123] Ist es aber wirklich so unpopulär? Man denke hier beispielsweise an das rasante Marktwachstum von EMS-Sportstudios. Muskelaufbau mithilfe elektronischer Impulse ist längst etabliert und auch hier sieht man die Weiterentwicklung von dem Gedanken der „Reparatur", zuvor wurde Strom primär zur Schmerztherapie oder als Reha-Maßnahme eingesetzt, zum Gedanken an menschliche Optimierung sehr schön. Ja, der Einwand, dass es sich letztlich

Am Ende wäre eine Vermischung des Menschen mit der Maschine ebenso denkbar wie chemische oder genetische Stimuli-Setzungen. Der technologische Fortschritt, den der Zeitenwandel mit sich bringt, wird in einigen Jahren Eingriffe erlauben, die derzeit noch absurd wirken, aber teilweise bereits vor dem Durchbruch stehen. Die gezielte Stimulanz des Gehirns ist zudem keine unbekannte mehr. Man denke hier nur etwa an die aktuellen Erkenntnisse bei aktiven Prothesen, bei denen Implantate unter der Haut eine koordinierte elektrische Stimulation, also einen Reiz, auslösen, wodurch wiederum die entsprechenden Impulse an die dazugehörigen Nervenzellen im Gehirn gesendet werden und so dem betroffenen Menschen wieder ein Mehr an Beweglichkeit schenken. Experimente, bei denen elektrische Reize jenen Bereich des Gehirns, der für Ängste und Nervosität zuständig ist, bearbeiten, waren so erfolgreich, dass die Behandlung von schweren Depressionen mithilfe

---

doch um eine äußere Anwendung handelt, mag kommen, aber wer sagt denn, dass es dabeibleiben wird?

von implantierten Elektroden inzwischen seit mehr als zehn Jahren erfolgreich angewandt wird, um schwerste psychische Störungen zu bekämpfen.[124] Tiefe Hirnstimulation könnte sich zum Trend entwickeln – die Entwicklung von der Reparatur und Lebensverlängerung hin zur Optimierung wird mit Sicherheit einer.

Ob nun durch Chemie, Implantate, körperliche Vernetzung oder Sonstiges – die Optimierung des Menschen hat gerade erst begonnen.[125] Manche Milieus werden davon schneller profitieren, einige später und wiederum andere vermutlich nie. Doch aufzuhalten ist dieser Aspekt des Zeitenwandels nicht. Der interne Reiz ist damit bereits Wirklichkeit, und wenn wir genauer darüber nachdenken,

---

[124] Zwar klingt die Zahl von bislang 200 Patienten weltweit nicht beeindruckend, allerdings ist ein Anfang gemacht. Die Risiken, man verzeihe die profane Ausdrucksweise, des Loches im Kopf sind zwar überschaubar, die Verheißung jedoch, langfristig nicht nur Krankheiten zu bekämpfen, sondern auch die Leistung zu steigern, enorm.

[125] Und mit ihm auch der Kampf gegen das Altern und den Tod.

war er das doch schon immer. Denken Sie nur an Medikamente gegen Depressionen oder Drogen: Was ist das weniger als ein biochemischer Eingriff, der letztendlich wesens- und verhaltensverändernd wirkt?[126] Der Unterschied liegt, wie bereits betont, allerdings darin verborgen, dass nun keine Schwächen ausgeglichen werden, sondern der Mensch mehr denn je optimiert wird.

---

[126] Doch das sollte nur ein Exkurs sein und letztlich ist davon nur zweierlei mitzunehmen:

- Zum einen, dass der technologische Aspekt des Zeitenwandels nicht nur die externen, sondern auch internen Impulse intensivieren wird. Welche genau sich durchsetzen werden, ist allerdings heute noch offen. Die klassischen Reize von außen werden jedoch weiterhin die dominantere Rolle einnehmen – auf jeden Fall fürs Erste. Undenkbar, dass ein „Urlaub" irgendwann nur noch im „Kopf" mit entsprechender Stimulation durchgeführt wird, das sollte aber schon heute nicht völlig ausgeschlossen werden.
- Und zum anderen nehmen Sie, werter Leser, für sich hoffentlich auch eine gewisse Neugier auf diese neuen Technologien mit. Informationen finden sich viele. Es ist oft schon jetzt weitaus mehr möglich, als es selbst die kühnsten Träume vermuten lassen.

Beenden wir nun diesen kurzen Streifzug durch die Geschichte und die mögliche Zukunft der Reizgesellschaft. Dass die Kürze der Darstellung stets auch eine Konzentration von Informationen verlangt, gehört zur Natur der Sache und mag nun kritisiert werden. Am Ende ging es in diesem Abschnitt schließlich um die These der Reizgesellschaft und des Homo stimulus.

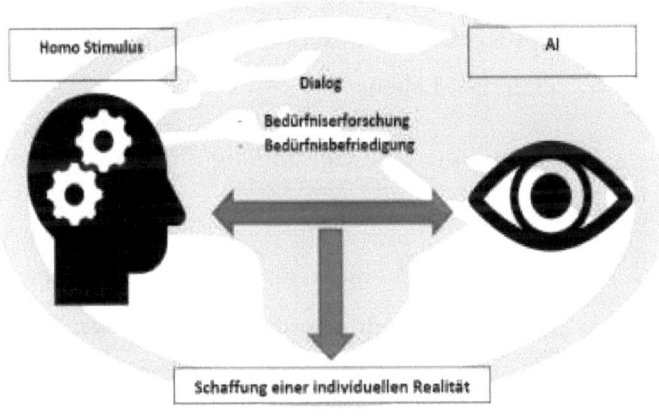

3.3 Implementierung der Reizgesellschaft

„Selbst wenn die Flut das Haus nicht erreicht, beein-
flusst das nahe Meer doch das Leben."

Zu Beginn dieses Kapitels wurden folgende Thesen aufgestellt:

- Die Konfrontation der Bevölkerung mit künstlich erzeugten Stimuli hat sich in den letzten
Jahrzehnten massiv erhöht.

- Die technologische Entwicklung ermöglicht
mittlerweile eine Reizsetzung in allen Bereichen des Lebens.

- Es erfolgte eine Gewöhnung an schnelle und
kurze Stimuli.

- Diese werden nicht nur passiv konsumiert,
sondern aktiv eingefordert und gestaltet.

- Die moderne Reizgesellschaft ist entstanden.

- Diese Reizgesellschaft hat daher einen neuen
Menschen konditioniert: den Homo stimulus.

- **Die Reizgesellschaft hat – in Kombination mit dem Verhaltenskapitalismus und dem Zeitenwandel – das Zeitalter des kollektiven Individualismus eingeleitet.**

Es lässt sich in der Summe feststellen, dass sich Anzahl und Intensität der Reize seit dem Ende des Zweiten Weltkrieges gesteigert haben, mit dem einsetzenden Zeitenwandel förmlich „explodiert" sind und die Anregung heute für ganze Milieus praktisch unverzichtbar ist. Die Reizgesellschaft ist daher Realität. Gleiches gilt für den Verhaltenskapitalismus, der von ihr nicht zu trennen ist. Für den Homo stimulus sind die intensivierten Reize zum unverzichtbaren Teil des individuellen Lebens geworden. Er fordert sie sogar ein. Der Mensch wurde konditioniert und trainiert – in der Regel darauf, eine Vielzahl von kurzen, schnellen Reizen innerhalb einer kurzen Zeitspanne zu verarbeiten. Diese Angewöhnung ist aber kein Teil einer zielgerichteten Verschwörung,[127] sondern geschah stattdessen im Laufe einer Entwicklung, in der mannigfaltige Kräfte und ihre

---

[127] Derartige „Umerziehungsthesen" werden bei der Beobachtung eines solchen historischen Ablaufes immer wieder vorgebracht. Der Glaube, dass eine einzelne Kraft oder

Wechselwirkungen erst aufeinandergetroffen sind und später durch den Zeitenwandel dynamisiert wurden. Der so entstehende Homo stimulus wird nicht nur an die Anregungen gewöhnt sein, sondern sie auch fordern und ist bereit, mit eigenen Reizen zu reagieren und so einbettende Kommunikationen und Handlungen zu ermöglichen. Betrachtet man zusätzlich den Verhaltenskapitalismus, kann von einer ganz neuen Form der Individualisierung gesprochen werden. Der Mensch tritt in den Dialog mit dem Ziel der eigenen Bedürfniserforschung und -erfüllung. Dieser Dialog ermöglicht ihm ein maximales Level persönlicher Selbstverwirklichung und das Schaffen einer eigenen Realität, die ihn, den Homo stimulus, in den Mittelpunkt rückt. Die Frage künftiger Diskussionen wird daher nicht sein, wie sich der Homo stimulus verhindern lässt. Nein, er ist bereits Realität und mit jeder neuen Generation wird sein Anteil wachsen. Stattdessen muss sich die Diskussion darum drehen, wie das Leben im Zeitalter des kollektiven Individualismus gestaltet werden soll und welches Maß an

---

gar einzelne Menschen dauerhaft einen solchen Einfluss ausüben können, ist absurd. Stattdessen unterliegen alle Menschen diesem Prozess. Manche profitieren, andere nicht. Verhindern lässt er sich aber nicht.

Selbstbestimmung erhalten bleiben muss. Dabei geht es um viel, wenn nicht um alles.

Am Ende

Mit diesem Gedanken haben wir die wichtigsten Elemente des Individualisierungsprozesses des späten 20. und des 21. Jahrhunderts vorgestellt. Es sollte nun für den Leser verständlich sein, welche Version des Individualismus die Gegenwart und Zukunft prägen wird. Eine mit Licht- und Schattenseiten. Sie ist beherrschbar, dafür allerdings muss sie verstanden werden.

Wohin sie führen wird? Nun, in die totale Einbettung, die allerdings erst erfolgen kann, wenn alle gesellschaftlichen Hemmnisse, die der Zeitenwandel bedingt, beseitigt sind. Bis dahin wird es nur eine teilweise Einbettung geben. Ein Nebeneinander der Welten und Wirklichkeiten.

Es ist daher an der Zeit, sich mit der gesellschaftlichen Einflussebene auf das Individuum zu beschäftigen, welche den vollständigen kollektiven Individualismus verhindert. Genau das wird im 4. Kapitel auch geschehen.

Weiterführende Literatur

- Herteux, Andreas – **Homo stimulus: Grundlagen menschlicher Anpassung und Weiterentwicklung im Zeitalter des kollektiven Individualismus.** Andreas Herteux, Erich von Werner Verlag, ISBN-13: 978-3948621124, DOI 10.5281/zenodo.3666616[128].

- Herteux, Andreas – **International Journal of Social Science and Economic Research (IJSSER):** THE HOMO STIMULUS: THE CREATION OF A NEW HUMAN BEING – SHAPED BY THE STIMULUS SOCIETY AND BEHAVIORAL CAPITALISM – IN THE AGE OF COLLECTIVE INDIVIDUALISM. Int. j. of Social Science and Economic Research, 5(1), 207–226. Retrieved from ijsser.org/more2020.php?id=14.

---

[128] Die Inhalte dieser Monografie wurden für dieses Kapitel in Teilen übernommen und angepasst.

4. Milieukampf und moderne Identifikationsdissonanz

„Verändern setzt immer ein umfassendes Verstehen voraus."

Im Jahr 9 erlitt das römische Weltreich eine der größten Niederlagen seiner Geschichte,[129] denn der Versuch, einen mutmaßlich lokalen Aufstand in Germanien niederzuschlagen, endete nicht nur beinahe mit dem Totalverlust dreier Legionen, dem Selbstmord des Statthalters Varus, sondern bedeutete letztendlich auch eine Wende, die mit ausschlaggebend für die künftige Entwicklung der Gebiete rechts des Rheins und damit auch der Weltgeschichte sein sollte.[130]

---

[129] Im Jahre 9 n. Chr. erlebten drei römische Legionen und ihre Hilfstruppen eine vernichtende Niederlage gegen ein germanisches Heer unter der Führung des Arminius (ca. 17 v. Chr. – bis ca. 21 n. Chr.). Diese wird als „Varusschlacht" bezeichnet.

[130] Die These einer Wende der Weltgeschichte wird in modernen Zeiten kontrovers geführt, allerdings kann eine Schlacht, in der die römische Weltmacht ca. 1/8 des Gesamtheeres verloren hat und die das Ende der römischen Ambition, das rechtsrheinische Germanien bis zur Elbe zur

Die Geschichte des Aufstandes war mit der Niederlage der Römer im Teutoburger Wald, wobei wir an dieser Stelle nicht die Diskussion entfachen wollen, ob dieser die exakte Örtlichkeit darstellte,[131] natürlich nicht vorüber, denn das Imperium bemühte sich noch Jahre darum, die eigenen Pläne weiterzuverfolgen. Allein in den Jahren 14–16 befehligte Germanicus, der Stiefsohn und designierte Nachfolger des Kaisers Tiberius, etwas mehr als ein Drittel der kompletten Streitkräfte des Reiches nach Germanien und blieb bei dem Versuch der Eroberung doch erfolglos. Die Germanen, unter ihrem Anführer Arminius, blieben daher am Ende, trotz manch verlorener Schlacht, im Kriege unbesiegt. Es einte sie ein großes Ziel, welches Arminius – laut

---

Provinz zu machen, markierte, nicht auf eine andere Art und Weise gedeutet werden.

[131] Die Spekulationen über den exakten Ort begannen spätestens im 12. Jahrhundert und dauern bis heute an. Am Ende reden wir von einer Schlacht, die sich wohl über viele Kilometer erstreckt hat. Vermutlich kam es auch immer wieder zu Scharmützeln zwischen einzelnen (fliehenden) römischen Truppenteilen und verfolgenden Germanen, was die Weitläufigkeit der archäologischen Funde erklären könnte.

des römischen Geschichtsschreibers Tacitus im Streitge-
spräch mit seinem auf feindlicher Seite stehenden Bruder
Flavus – auch deutlich artikulierte: der Drang nach Freiheit,
und genau dieses war das vereinende Band zwischen den
unterschiedlichen germanischen Stämmen und Sippen.[132]
Und doch stellte es nur ein temporäres Ziel dar, denn als-
bald wurde deutlich, dass unterschiedliche Gruppierungen
verschiedenste Interessen hatten und das übergeordnete
Ideal schnell an Bindungskraft verlor. Vielleicht existierte
es auch nie? Folglich intensivierten sich schnell wieder die
alten Intrigen und Stammeskriege, die letztendlich in der
Ermordung des Arminius[133] und des größten Teils der che-
ruskischen Führungsschicht[134] mündeten, was verdeutlicht,

---

[132] Selbstverständlich werden ihm diese Worte in den Mund
gelegt. Es mag die Intention gewesen sein und doch wissen
wir über die Person selbst wenig. Tacitus idealisiert hier.

[133] Nach Tacitus waren es die eigenen Verwandten, die ihn
vom Leben in den Tod beförderten. Allerdings verneint der
Historiker eine römische Beteiligung so auffällig, dass sie nicht
ausgeschlossen werden sollte.

[134] Die Führungsschicht muss sich – aufgrund zahlreicher
Blutfehden – so ausgedünnt haben, dass den Cheruskern
nichts anderes übrig blieb, als Rom um einen König zu bitten.
Laut Cassius Dio wurden sowohl Arminius' Neffe Italicus als

dass sich völlig unterschiedliche Interessen nicht auf Dauer vereinigen ließen. Zumindest nicht in dieser Konstellation.

An dieser Stelle soll der kleine Rückgriff in die Geschichte enden. Warum er erfolgte? Nun, wir betrachten ein historisches Ereignis, in dessen Folge die Interessen einzelner Gruppierungen eine scheinbare Homogenität zerbrechen ließen, die das Fundament eines Königreiches bilden sollten. Es geht einerseits um Gruppenkonflikte, denn offensichtlich trafen verschiedene Lebensweisen und Verhaltensmuster aufeinander, aber auch um individuelle Abwägungen, denn die Akzeptanz einer neuen Ordnung, wie sie durch Arminius geschaffen werden sollte, ist immer auch eine Frage der persönlichen Akzeptanz. Der Einstieg soll daher lediglich den Blick für das Kommende schärfen. Historische Vergleiche oder mutmaßliche Parallelen interessieren uns dagegen nicht. Das wäre auch wenig sinnvoll, denn nur Ausblendung schafft in der Regel Vergleichbarkeit.[135]

---

auch dessen mutmaßlicher Sohn Chariomerus Herrscher der Cherusker, wenngleich auch mit wenig Erfolg.

[135] Im konkreten Fall die völlige Ausblendung der unterschiedlichen historischen Kontexte. Tatsächlich steigt man aber, wir erinnern uns an die Worte Heraklits (520–460

Nehmen wir daher lediglich die Grundkonstellation mit in moderne Zeiten und erinnern uns an das bisher Erarbeitete. Das erste Kapitel hat sich mit der Frage beschäftigt, ob sich ein Zerfall der Gesellschaft in einzelne Milieus belegen lässt. Dies ließ sich nicht nur national, nicht nur in Bezug auf die entwickelten Länder, sondern als globales Phänomen beobachten.[136] Als Ursache hierfür kristallisierten sich primär die Auswirkungen eines Zeitenwandels heraus, die zugleich eine unübersehbare Individualisierungstendenz

---

v. Christus), niemals zweimal in den gleichen Fluss *(„Man kann nicht zweimal in denselben Fluss steigen, denn andere Wasser strömen nach")*. Keine Konstellation in der Geschichte gleicht der anderen. Immer unterscheiden sich die Bedingungen. Blaupausen bietet die Vergangenheit, die wir oft nur in Teilen und Ausschnitten kennen, nur selten und wenn, dann sind sie leicht falsch zu deuten. Selbstverständlich heißt das nicht, wie bereits betont wurde, dass es nicht möglich ist, von Erfahrungen zu profitieren. Dies ist selbstverständlich, aber es bleibt Narretei, einzelne Lernprozesse zu Dogmen im welthistorischen Ausmaß, und nur gegen diese wird in diesem Moment agitiert, zu erklären, die immer einen tendenziell ähnlichen Verlauf haben werden.

[136] Dabei sei erneut betont, dass es nicht darum ging, die gezeigten Milieumodelle als absolut zu verklären, im Gegenteil geht diese Monografie sogar davon aus, dass diese bereits veraltet sind, da der Zerfall weiter fortgeschritten ist.

mit sich bringen, die im zweiten und dritten Kapitel mit dem Modell des Verhaltenskapitalismus und der Entwicklung des Homo stimulus tiefergehend beleuchtet wurden.[137]

Zusammenfassend betrachtet, lassen sich sowohl gesellschaftliche als auch individualisierte Veränderungsprozesse identifizieren und verifizieren, die für das Verständnis des 21. Jahrhunderts grundlegend erscheinen. Die individuellen wurden benannt, nun ist es Zeit, an die gesellschaftlichen Fragestellungen zu denken: zum einen an die nach dem Verhältnis der entstandenen Lebenswirklichkeiten untereinander. Diese existieren nicht in harmonischer und friedlicher Parallelität, sondern haben ein starkes Konfliktpotenzial, das Muster aufzeigen und daher eingeordnet werden könnte. Zum anderen stellt sich die Frage, ob ein Individualisierungsprozess, der den Menschen – etwas überspitzt formuliert – „gottgleich" in den Mittelpunkt rückt, nicht in Konfrontation mit der Milieurolle geraten muss. Beides

---

[137] Dass der Zeitenwandel selbst weitaus mehr Punkte umfasst, sollte ausreichend dargestellt worden sein.

sind Punkte, die in diesem Kapitel mithilfe zweier Theorien näher beleuchtet werden sollen:

- **Theorie der modernen Identifikationsdissonanz des unvollständigen kollektiven Individualismus,** deren Untersuchungsgegenstand der Gegensatz zwischen Milieurolle und individueller Einbettung sowie deren Folgen ist.

- **Theorie des Milieukampfes,** die sich mit dem Verhältnis der Lebenswirklichkeiten zueinander befasst.

Begonnen werden soll dabei mit dem Konflikt zwischen der Milieurolle sowie dem fortschreitenden Individualisierungsprozess.

4.1. Theorie der modernen Identifikationsdissonanz

„Am Ende kämpft der Mensch allein, allerdings doch auch nur gegen eine einzige Welt."

Das Finden einer ersten Definition eines beobachteten Phänomens ist stets mit Schwierigkeiten verbunden. So war es auch in diesem Fall, in dem ein Konflikt verbalisiert werden soll, der denkerisch zwangsläufig erscheint, aber noch seine Ausdrucksform sucht:[138]

Der des Menschen zwischen der gesellschaftlichen Rolle (Milieurolle), in welcher der Einzelne in der Regel nur ein Teil, vielleicht nur ein Rädchen ist, und der Rolle als Individuum in einer eingebetteten Wirklichkeit, in der er – vereinfacht, aber treffend formuliert – womöglich als König eine eigene Welt regiert. Das mag überspitzt formuliert

---

[138] Es lässt sich natürlich auch grundsätzlich diskutieren, ob dieser mutmaßliche Konflikt für die Gesellschaft des 21. Jahrhunderts von solcher Relevanz ist, wie es der Autor dieser Zeilen behauptet. Die Gedanken sind frei. Seien sie auch kritisch.

sein, trifft aber den – möglichen – Konflikt, den es darzustellen gilt, in seinem Kern.

Um ihm verbal Ausdruck zu verleihen, wird daher vorab
folgende Definition vorgeschlagen, wenngleich sie auch
keine finale sein muss, sondern vielmehr als ein Angebot zu
verstehen ist, sich dem zu untersuchenden Phänomen anzunähern:

Die Theorie der modernen Identifikationsdissonanz,
die voraussetzt, dass die Erosion der Lebenswirklichkeiten sich dynamisiert hat und die Möglichkeiten der
Selbstentfaltung sich potenziert haben, besagt, dass es
zunehmend Konflikte des Einzelnen bezüglich der eigenen Rolle als Teil eines Milieus und des persönlichen Individualisierungs- und Einbettungsprozesses
geben kann und diese langfristig Einfluss auf die gesellschaftlichen Entwicklungen und Strukturen nehmen werden.

Diese Definition wird uns auf den nächsten Seiten beschäftigen.

Rollenkonflikt des Individuums im Zeitalter des kollektiven Individualismus

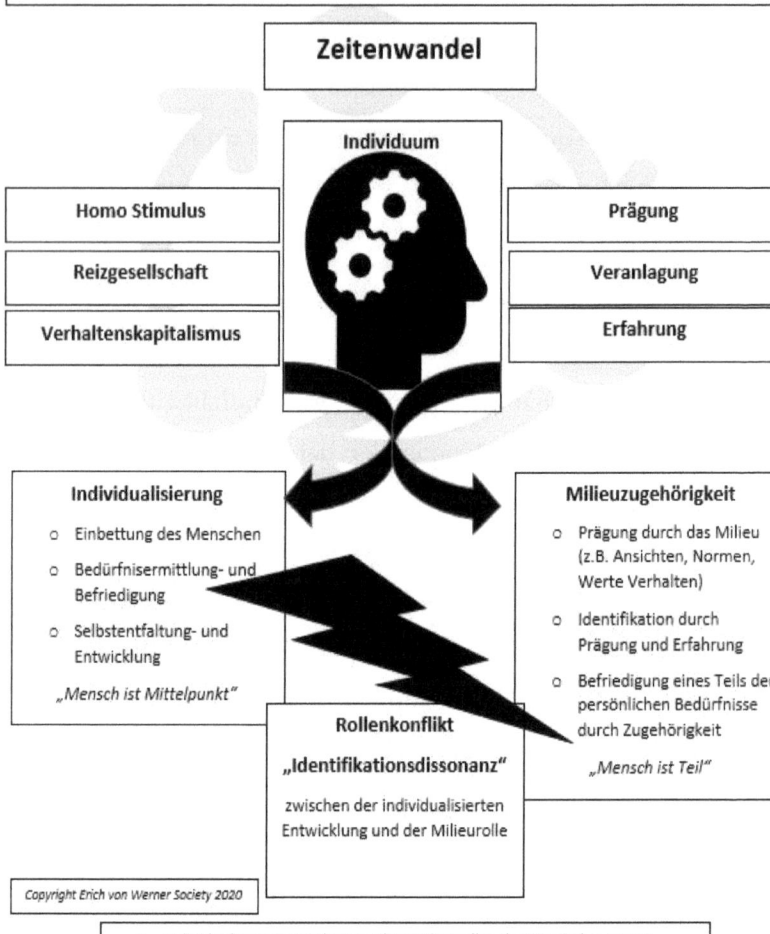

Zeitenwandel

Individuum

Homo Stimulus

Reizgesellschaft

Verhaltenskapitalismus

Prägung

Veranlagung

Erfahrung

Individualisierung

o Einbettung des Menschen

o Bedürfnisermittlung- und Befriedigung

o Selbstentfaltung- und Entwicklung

„Mensch ist Mittelpunkt"

Milieuzugehörigkeit

o Prägung durch das Milieu (z.B. Ansichten, Normen, Werte Verhalten)

o Identifikation durch Prägung und Erfahrung

o Befriedigung eines Teils der persönlichen Bedürfnisse durch Zugehörigkeit

„Mensch ist Teil"

Rollenkonflikt

„Identifikationsdissonanz"

zwischen der individualisierten Entwicklung und der Milieurolle

o Individualisierung wird gegenüber Milieuroll in der Regele bevorzugt

o Milieurolle wird hinterfragt, aber die Lebenswirklichkeit wird teilweise noch für die Bedürfniserfüllung benötigt

o Folge: Individualisierungsprozess setzt sich fort, Milieus erodieren

4.1.1 Kognitive Dissonanz oder Identifikationsdissonanz?

„Eine gute Idee wird oft deswegen verkannt, weil die Dringlichkeit ihrer Umsetzung nicht erkannt wird."

Bevor die Definition in der Tiefe betrachtet werden soll, erscheint es zunächst vonnöten abzuklären, ob die moderne Identifikationsdissonanz nicht vielleicht letztendlich nur eine Variante der sogenannten kognitiven Dissonanz[139] ist. Betrachten wir die vier – angepassten – Schritte zur Entstehung einer solchen, dann soll dieser Annahme nur bedingt widersprochen werden:

1. Verhalten und Einstellung werden als widersprüchlich empfunden. Dies geschieht an dieser Stelle durch den Rollenkonflikt „Milieuangehörigkeit/Individualisierungsprozess".

---

[139] Als kognitive Dissonanz wird ein als unangenehm empfundener Gefühlszustand bezeichnet. Er entsteht dadurch, dass ein Mensch unvereinbare Kognitionen hat. Kognitionen sind mentale Ereignisse, die mit einer Bewertung verbunden sind. Zwischen diesen Kognitionen können Konflikte („Dissonanzen") entstehen. Die Grundlagen hierfür wurden von Leon Festinger (1919–1989) gelegt.

187

2. Das Handeln in beiden Rollen erfolgt freiwillig – wobei die Freiwilligkeit an dieser Stelle als „ohne nennenswerten Widerstand" gedeutet werden muss.[140] Das Individuum nimmt sowohl den Individualisierungsprozess als auch das Ausfüllen der Rolle im Umfeld der Lebenswirklichkeit an.

3. Physiologische Erregung tritt durch die Spaltung der Identität (Milieuselbst gegen Individualisierungsidentität) ein. Oder einfach gesagt: Die Rolle als „König der Einbettung" und als „einer unter vielen" kann schwierig zu vereinbaren sein.

4. Das Rollenverhalten wird für die Erregung verantwortlich gemacht. Da die Individualisierung in der Regel, wenngleich nicht immer, der Identifikation mit der Lebenswirklichkeit vorgezogen werden

---

[140] Diskussionen über Willensfreiheit wollen wir an dieser Stelle vermeiden, denn bereits die Prinzipien des Individualismus im 21. Jahrhundert (vgl. z. B. den Verhaltenskapitalismus) machen deutlich, wie relativ diese Größe ist. Was ist Freiwilligkeit? Was ist Willen im Zeitalter des kollektiven Individualismus?

könnte,[141] wird die Milieurolle hinterfragt, und das wiederum sollte die Milieuerosion weiter vorantreiben.

In der Summe könnte es sich bei der modernen Identifikationsdissonanz um eine spezielle kognitive Dissonanz für bestimmte gesellschaftliche Konstellationen mit individuellen Parametern handeln. Besagte Konstellation hat aber das Potenzial, zu einem Massenphänomen des 21. Jahrhunderts zu werden. Daher scheint es gerechtfertigt, eine separate Benennung vorzunehmen, um diesem Sonderstatus auch verbal gerecht zu werden und eine klare Abgrenzung vorzunehmen.[142] Mit dieser Feststellung sei es nun aber an der Zeit, sich den einzelnen Elementen der Definition der modernen Identifikationsdissonanz zu widmen.

---

[141] Dass die persönliche Kontrolle ein zentrales Element des eigenen Wohlbefindens ist, ist mittlerweile ein Standard der Psychologie. Der größte Teil der Studien spricht daher dafür, dass eine Person sich im Zweifel für die Alternative mit der – scheinbar – größeren Sicherheit und Kontrolle über das eigene Leben entscheiden wird, und das könnte in dem Fall der einbettende Individualisierungsprozess sein.

[142] Dieser Empfehlung muss selbstredend nicht gefolgt werden.

4.1.2 Voraussetzungen, Rollen und Konflikte

„Manchmal bringt ein einzelner, intensiver Blick eine größere Erkenntnis als ein lebenslanges Hinschauen."
Die Definition der modernen Identifikationsdissonanz benennt vier Voraussetzungen:

- **Eine dynamisierte Erosion der Lebenswirklichkeiten**

  Das erste Kapitel sollte besagten Zerfall und dessen Ursache, den Zeitenwandel, ausreichend dargelegt haben.

  Der kritische Leser mag nun hinterfragen, ob es diese Dynamik auf der gesellschaftlichen Ebene überhaupt benötigt. Würden nicht auch starre, unveränderliche Milieus eine solche Dissonanz hervorrufen, da es letztendlich unerheblich ist, wie die Lebenswirklichkeit gestaltet ist, die in Konflikt mit der Individualisierung gerät? Diesem Argument gibt es grundsätzlich wenig entgegenzusetzen. Es sei aber darauf verwiesen, dass es gerade diese zerfallende Entwicklung ist, die den Einzelnen noch weiter von der gesellschaftlichen Ebene entfremden und damit die Erosion weiter beschleunigen könnte. Ohne die Benennung würde dieser Aspekt vermutlich untergehen. Eine Abwägungssache? Es sei allerdings eingeräumt, dass eine finale Definition noch nicht gefunden ist.

- **Die Existenz einer Individualrolle**
  Die Kapitel 2 und 3 haben sich intensiv bemüht, die veränderte Rolle des Individuums darzustellen. Einbettung, Verhaltenskapitalismus und Homo stimulus seien die Stichwörter.

- **Die Existenz einer Milieurolle**
  Auch hier sei auf das erste Kapitel oder alternativ auf den Standard der Wissenschaften verwiesen.

- **Einen Konflikt zwischen beiden Rollen**
  Die Identifikationsdissonanz benötigt einen Konflikt und diesen sieht sie in den verschiedenen Rollen, die das Individuum im 21. Jahrhundert einnimmt und die nur schwer miteinander zu vereinbaren sind:

o Die Individualisierungsrolle, bei welcher der Mensch in den Mittelpunkt gesetzt und eingebettet wird, und die

o Milieurolle, in welcher der Mensch nur ein Teil des Großen und Ganzen ist.

Die Theorie der Identifikationsdissonanz sieht in der Individualisierung und dem Milieuzerfall keinen harmonisierenden Prozess, wenn er das in manchen Fällen auch sein könnte, sondern einen widersprüchlichen. Das Leben des Menschen oder besser dessen Selbstansicht kann sich spalten, splittern. Warum? Weil die gesellschaftliche nicht mit der persönlichen Einbettungsentwicklung Schritt halten kann. Auf der einen Seite findet sich der König auf dem Thron, um den sich alles dreht, auf der anderen Seite existiert er aber nur als ein Teil einer Gemeinschaft. Kontrolle, Realität, Bedürfnisse, Selbstwert, Identität – die grundlegenden Themen des Menschseins prallen in mehreren Variationen aufeinander. Es stehen sich daher nicht etwa zwei Rollen – die private und die gesellschaftliche – gegenüber, sondern das eigene Selbst.

Die dynamisierten Kräfte des Zeitenwandels wirken an dieser Stelle zudem so, dass der Konflikt sich stetig vergrößern[143] und das Individuum sich um Ausgleich bemühen muss. Es werden in einem solchen Fall vermutlich die klassischen Mechanismen, wie Auflösung, Reduzierung oder Vorbeugung, durch den Betroffenen genutzt werden.[144]

Vom Grunde her wären damit die Voraussetzungen für die Existenz einer derartigen Dissonanz gegeben. Zusammenfassend lässt sich daher feststellen:

> **Eine moderne Identitätsdissonanz ist ein unangenehmer Zustand, dessen Beseitigung oder zumindest Abmilderung angestrebt wird.**

Manch Leser könnte nun anklingen lassen, dass es so einen Konflikt geben möge, allerdings davon nur ganz bestimmte

---

[143] Die Einbettungsmechanismen werden sich weiterentwickeln, verbessern und intensivieren. Kapitel 5 wird hier einen kleinen Blick in die Zukunft wagen.

[144] Auch hier nutzen wir die Erkenntnisse zur kognitiven Dissonanz.

Gruppen und Menschen betroffen wären. Diese Anmerkung wäre nicht falsch. Manche Milieus, manche Individuen sind anfälliger für die moderne Identitätsdissonanz als andere.

Trotzdem sollte niemals aus dem Blick geraten, dass sich dieses Buch mit den gesellschaftlichen Entwicklungen des 21. Jahrhunderts beschäftigt und wir gerade erst am Anfang desselbigen stehen. Was heute vielleicht noch als „Nische" anmuten mag, könnte schon morgen eines der beherrschenden Themen sein.

Daher macht es bereits heute Sinn, über mögliche Konsequenzen eines solchen Phänomens zu sinnieren.

4.1.3 Folgen der modernen Identitätsdissonanz

„Nur weil niemand die eigenen Taten würdigt, sind diese doch nicht weniger bewundernswert."

Die Folgen der modernen Identitätsdissonanz abzuschätzen ist schwierig. Daher kann an dieser Stelle nur spekuliert werden:

- Das betroffene Individuum wird im schlimmsten Fall in seiner Identität zerrissen, da die Diskrepanz zwischen Rollen so stark werden könnte, dass sie unvereinbar werden. Die eigene Identität spaltet sich womöglich in eine „Milieuidentität" und eine „Individualisierungsidentität". Das könnte eine massive Schädigung des Geistes und der Seele zur Folge haben und im Besonderen bei jungen Menschen, die mehr und mehr in diesen Konflikt hineingeboren werden, Störungen in der Persönlichkeitsentwicklung bewirken.

- Im besten Fall handelt es sich um einen, gar nicht bewusst wahrgenommenen, unangenehmen Zustand, der zunächst hingenommen wird. Letzteres vielleicht schon deswegen, weil er sich nur schwer artikulieren lässt und bislang auch noch keine ausreichende Ausdrucksform im wissenschaftlichen Denken gefunden hat.[145]

• Nimmt das Individuum die Dissonanz schmerzlich wahr, so wird es versuchen, den Konflikt zu lösen. Wie bereits angedeutet, deuten alle psychologischen Studien darauf hin, dass der Mensch Alternativen präferiert, die seinem Wunsch nach umfassender Bedürfnisbefriedigung, Sicherheit und Kontrolle entgegenkommen. Es ist daher nicht auszuschließen, dass er sich letztendlich für die „Individualisierungsidentität" entscheidet und die „Milieuidentität" in den Hintergrund drängt, auf Nützlichkeitsaspekte reduziert oder diese abzuändern versucht.

• Ein derartiges Verhalten hätte aber gravierende Folgen für die Lebenswirklichkeit, denn sie wird mit diesem „Abwenden" weiter geschwächt und leidet daher nicht nur unter dem äußeren Druck des Zeitenwandels, sondern auch unter dem inneren des Hinterfragens. Der

---

[145] Ein Anliegen dieses Kapitels ist es, das zu ändern.

Zerfall des Milieus wird auf diese Art und Weise daher zusätzlich beschleunigt.

- Eine weitere Dynamisierung wäre gesellschaftlich destabilisierend.

Viel Spekulation, weniger Sicherheit. Am Ende muss ernüchternd bilanziert werden, dass es noch keine Empirie gibt, um etwaige Folgen der modernen Identifikationsdissonanz darzustellen noch um die Theorie selbst zu verankern. Das ist sicher ein großer Unterschied zu den wissenschaftlichen Grundlagen des Homo stimulus oder des Verhaltenskapitalismus, deren Mechanismen gut dokumentiert sind. Doch, wie so oft, muss der erste Schritt gemacht werden. Dann können weitere folgen. Für den Moment sollte aber folgende Mutmaßung mitgenommen werden:

> **Die Erosion sozialer Milieus lässt sich wohl auch aus der modernen Identifikationsdissonanz herleiten.**

Die Lebenswirklichkeiten und damit die Gesellschaft selbst stehen damit unter vielfältigstem Druck, doch bedeutet dies über kurz oder lang ein Ende der Milieus?

4.1.4 Das Ende der Milieus?

„Alle haben ureigene Interessen und geben sie nicht für

das Gemeinwohl auf."

Der kollektive Individualismus ist das Zeitalter der totalen Einbettung in einen unsichtbaren Rahmen. Um ihn allerdings in seiner Reinform zu erreichen, müssten die Milieus verschwinden. Das werden sie auch. Aufgrund des Druckes des Zeitenwandels, aufgrund von Individualisierungstendenzen, aufgrund der modernen Identifikationsdissonanz. Das wird allerdings – höchstwahrscheinlich – nicht mehr im 21. Jahrhundert geschehen.[146]

Zwar werden die Lebenswirklichkeiten weiter erodieren, zerbrechen, sich teilen und teilweise auch vergehen – verschwinden werden sie in der Summe nicht, solange der Einzelne einen Teil seiner Bedürfnisse innerhalb dieser Lebenswirklichkeit stillen kann oder gar muss. Ein Stück seiner Identität bleibt womöglich noch lange milieuabhängig,

---

[146] Mit Prognosen sollte man vorsichtig sein, denn wer weiß, wie die Welt in ein paar Jahrzehnten aussehen wird?

und wenn es nicht das eigene Selbst ist, das bindend wirkt, so sind es vielleicht schlicht ökonomische bzw. persönliche Zwänge, die im Moment nur mit den Erfahrungen und Prägungen des bisherigen Lebens abgemildert werden können. Man ziehe hierfür einige Beispiele heran:

- Eine Person des bürgerlichen Milieus, die fest in den Werten, Handlungen und Normen der eigenen Lebenswirklichkeit verankert ist, wird diesen Teil der Identität, die sich primär auf Sicherheit innerhalb des Milieus beruft, nicht komplett aufgeben, selbst wenn der Individualisierungsprozess voranschreitet.

- Ein Angehöriger des hedonistischen Milieus dagegen, der primär den Neigungen, dem Spaß und auch oft dem Abenteuer folgt, würde vermutlich weitaus mehr bereit sein, das bisherige Milieuumfeld aufzugeben, um sich einbetten zu lassen.

- Ein Teil des Prekariats wiederum, das um sein wirtschaftliches Überleben kämpft, könnte auf der Ebene der Individualisierung vermutlich nicht existieren, da die entsprechenden Mittel fehlen würden. Die Identität definiert sich, auch aufgrund wirtschaftlicher Zwänge, primär über das Milieu.

Das Ende der Milieus ist daher nicht in Sicht, denn diese sind zum einen identitätsbildend, aber auch bedürfniserfüllend. Das bedeutet aber nicht, dass heute identifizierbare Lebenswirklichkeiten auch in einigen Jahrzehnten noch erkennbar sein werden. Im Gegenteil: Manchmal wird es eine langsame Erosion geben, dann wieder ein schnelles Zerbrechen und vieles dazwischen. Sicher erscheint, es wird mehr und spezifischere Milieus geben.

Und die große Gesellschaft? Sie wird dynamisch bleiben und irgendwann tatsächlich in die totale Einbettung übergehen. Das erscheint aber im 21. Jahrhundert nicht mehr realistisch. Der kollektive Individualismus bleibt ein unvollkommener.

4.1.5 Zusammenfassung

„Der Fluss wird alle mitreißen; wir können versuchen, das eigene Überleben durch aktives Schwimmen zu sichern, oder aber passiv darauf hoffen, am Ende glücklich an Land gespült zu werden."

Die Theorie der modernen Identifikationsdissonanz ist ein Versuch, einen grundlegenden Konflikt zwischen der Individualisierungsidentität, wobei wir diese immer im Sinne der Einbettung betrachtet haben, und der Milieurolle zu identifizieren und darzustellen. Dieser Konflikt könnte für die gesellschaftliche Entwicklung des 21. Jahrhunderts sowie die des Individuums eine wichtige Rolle spielen. Er bleibt dabei aber eine These, die zweifellos noch der Diskussion sowie Erforschung bedarf.

Nachdem wir uns nun mit besagtem Verhältnis beschäftigt haben, soll eine weitere Variable gesellschaftlicher Veränderungen betrachtet werden: das Verhältnis der Milieus untereinander.

4.2 Die Theorie des Milieukampfes

„Der Milieukampf ist eine Triebfeder der gesell-
schaftlichen Veränderung."

Das Atrahasis-Epos, geschrieben ca. 1800 Jahre vor unserer
Zeitrechnung,[147] erzählt eine Geschichte, in der die Erde
einst von höheren und von niedrigeren Göttern besiedelt
und bebaut wurde. Die Anunnaki, so nannte sich die
bessere Gesellschaftsschicht, überließen dabei den Igigu,
den Göttern mit dem schlechteren Ansehen, die Arbeit und
sich das bessere Leben. Dies führte – wen sollte es auch
überraschen? – erst zu einer gewissen Missstimmung, dann
zu Protesten und schließlich zu Aufständen. Also setzten
die erhabenen Wesen sich zusammen, berieten und schufen
aus Lehm und Blut den Menschen, damit dieser fortan die
Erde bebaute und auch die Igigu ein lockeres Leben für sich

---

[147] Den Tontafeln wird ein entsprechendes Alter
zugeschrieben. Auch das verwandte Gilgamesch-Epos ist
dieser Zeit zuzuordnen. Ob es allerdings ältere Vorlagen gibt,
die älter als 3800 Jahre sind, wird vermutlich für immer im
Dunkel der Geschichte verborgen bleiben.

in Anspruch nehmen konnten. Ein durch und durch menschliches bzw. göttliches Verhalten.

Das funktionierte gut und gerne 1200 Jahre hervorragend, bis die Menschen sich zu sehr vermehrten und ihr Lärm die Götter im Himmel beim Nichtstun störte. Um die Menschen ein wenig zu dezimieren, ließen sie die Ernte verdorren, doch es half nichts. Die Lehmdinger lärmten fröhlich weiter und begannen sogar, die Höchsten zu lästern. Am Ende berieten sich die Götter erneut und beschlossen, die nervigen Zweibeiner durch eine gigantische Flut von der Erde zu schwemmen. Dies wäre auch gelungen, wenn nicht Enki, einer der Götter, Mitleid mit ihnen gehabt hätte.[148] Und so trug er dem Priester Atrahasis[149] auf, eine Arche zu bauen, mit der er und seine Familie letztendlich die Sintflut überleben sollten.

---

[148] Das wundert auch nicht, denn schließlich hatte Enki den Menschen „hergestellt" und zwar so gut, dass er anfangs unsterblich war.

[149] Im Gilgamesch-Epos trägt dieser den Namen Utanapisti; im sumerischen Ziusudra und in der biblischen Geschichte wird der gute Mann Noah genannt.

Leider hatten die Götter ihren Plan nicht ganz durchdacht, denn mit den Menschen gingen auch dringend benötigte Vorräte hinfort. Die Wasser kamen und wenig später drohte den Überwesen das Verhungern. Umso dankbarer machten sie sich schließlich über die Opfer des Atrahasis her, die dieser nach dem Ablauf der Wasser darbot, denn die konnte man überwiegend essen.

Am Ende sahen die Götter ihren Fehler ein und wollten die Menschen nie mehr vernichten. Trotzdem behoben sie einen Fehler im System, unter dem wir, soweit wir denn die Geschichte glauben mögen, noch heute leiden: Sie begrenzten menschliches Leben fortan und machten den Menschen sterblich sowie anfällig für Krankheiten. Im Gilgamesch-Epos wurde der brave Priester davon allerdings ausgenommen und vielleicht lebt er daher noch heute.

Doch wir schweifen vom Kern, der, wer wird es nicht erahnen, gesellschaftliche Auseinandersetzungen bildet, ab. Diese sind im 21. Jahrhundert selbstverständlich auf eine etwas andere Art und Weise gelagert als im Atrahasis-Epos. Auch sollen Götter in diesem Kapitel kaum eine Rolle spielen und dennoch werden auch hier Konflikte zu betrachten sein: Jene zwischen den unzähligen Lebenswirklichkeiten und deren Folgen. Hier wollen wir analysieren sowie ordnen und dafür soll die Theorie des Milieukampfes dienen.

Doch auch mit diesen Thesen betreten wir Neuland. Dessen müssen wir uns bewusst sein. Die ersten wackeligen Schritte auf Terra incognita sind stets unsicher. Das mag den Göttern nach der Sintflut so ergangen sein, das kann auch uns so ergehen.

Vielleicht wird sich manche Beobachtung irgendwann als zu ungenau oder als begrenzt nützlich herausstellen, vielleicht sich als falsch erweisen. Das alles wäre möglich.

Unter Umständen aktivieren die Thesen aber auch ideologische Vorbehalte und werden als Angriff auf vorhandene Weltanschauungen gedeutet.[150]

---

[150] Setzen wir uns doch gleich – wenngleich auch lächerlich oberflächlich – mit einem Vergleich auseinander, der unzweifelhaft kommen wird: dem von Milieu- und Klassenkampf bzw. Marxismus: Wir erinnern uns, wenn auch auf stark simplifizierte Weise: Der historische Materialismus sieht stetige Gegensätze zwischen herrschender und unterdrückter Klasse. In der Urgesellschaft wäre dies noch nicht so deutlich zu erkennen, im Zeitalter der Sklavenhaltung

und des Feudalsystems dafür umso mehr. Im Moment würde eine bürgerlich-kapitalistische Unterdrückung vorherrschen, die zeitnah vom Sozialismus abgelöst werden soll.

Karl Marx geht grundsätzlich und stark vereinfacht davon aus, dass es in der aktuellen Periode eine herrschende (Bourgeoisie) und eine unterdrückte Klasse (Proletariat) gibt. Nebenher existieren, quasi als Relikte der Vergangenheit, noch Nebenklassen (z. B. Bauern, Tagelöhner, Adel), die irgendwann in eine der Hauptklassen aufgehen würden. Durch den Kapitalismus, also letztendlich durch die Produktionsverhältnisse, stünde die finale Konfrontation kurz bevor. Die gegensätzlichen Interessen der Kapitalisten und Arbeiter, bei denen die einen das Kapital und die anderen die Arbeitskraft besitzen, müssten daher zwangsläufig zu gewaltigen Konflikten führen, an deren Ende eine neue, klassenlose Gesellschaft stehen soll, welche die Bedürfnisse aller Menschen erfüllen könnte. Entscheidend für den Konflikt wären einzig und allein die genannten Produktionsverhältnisse.

Soweit eine grobe Kurzform, die natürlich in wenigen Zeilen dem komplexen Werk und der Geschichte gar nicht gerecht werden kann und auch nicht soll. Der Vortrag sollte lediglich erinnernd und auffrischend wirken, denn in diesem Rahmen und mit besagten Grundlagen wurde in der Vergangenheit so viel am lebenden Objekt experimentiert, dass dies dem werten Leser wohl kaum entgangen sein dürfte und eine tiefere Beschreibung schlichtweg überflüssig macht.

Dass die Produktionsverhältnisse nur eines von vielen Merkmalen, man denke nur an die Elemente des

Zeitenwandels, für die gesellschaftliche Entwicklung sind, aber eben nicht der Antrieb der Geschichte, haben wir gezeigt. Konnte Marx das aber erkennen? Das bleibt fraglich. Gleich wie; die Klassen, welche die vielen Marxisten, Kommunisten und Sozialisten zu identifizieren geglaubt haben, existieren nicht mehr. Sie waren nur eine temporäre Erscheinung der Geschichte und nicht ihr Endprodukt. Einen Übergang zur klassenlosen Gesellschaft gab es nicht. Stattdessen das exakte Gegenteil: den Trend zur Individualisierung, der die „Klassen" auflöst.

Es gibt, gerade in der westlichen Welt, zudem auch kaum mehr Arbeiter. Glaubt man den Statistiken, sind selbst in den hoch industrialisierten Ländern wie den USA (2019 noch ca. 19 %) oder Deutschland (2019 noch ca. 18 %) gerade einmal noch knapp 20 % diesem Bereich zuzuordnen. 1990 waren es noch an die 40 %, 1970 noch an die 50 %. Die Tendenz ist, mit zunehmender Digitalisierung und Erweiterung der Robotertechnik, tendenziell sinkend und ein Rückgang auf unter 10 % bis 2030 durchaus vorstellbar. Mit diesen einfachen Fakten ist der gesamten marxistischen Lehre aber letztendlich die komplette Grundlage entzogen, denn sie selbst unterstreicht dies immer wieder:

„Die Arbeiterklasse [..] ist eine der zahlenmäßig stärksten und die am raschesten wachsende Klasse der kapitalistischen Gesellschaft [..] All diese befähigt sie dazu, ihre geschichtliche Mission zu erfüllen, nämlich den Kapitalismus zu beseitigen und ihn durch den Sozialismus zu ersetzen. Diese Mission bezeichnet man nicht zufällig als welthistorisch. [..]
Die Lehre von der welthistorischen Mission der Arbeiterklasse ist ein wichtiger Bestandteil der marxistischen

Weltanschauung. [..] Das Wichtigste in der Marxschen Lehre ist die Klarstellung der weltgeschichtlichen Rolle des Proletariats als des Schöpfers der sozialistischen Gesellschaft [..]

Der Anteil und die Bedeutung der Industriearbeiter in der Weltbevölkerung werden auch künftig rasch zunehmen. [..]

Dies ist ein unwiderlegbarer Beweis für die Richtigkeit der marxistischen Lehre, die schon vor wenig mehr als 100 Jahren vorausgesagt hat, dass die Arbeiterklasse im Verlauf der historischen Entwicklung ständig wachsen wird, während der Anteil und die Kräfte der anderen Klassen sich verringern werden [..]."

Quelle: Grundlagen des Marxismus-Leninismus, Lehrbuch, Dietz Verlag, Berlin, 1960.

Der Marxismus ist damit nicht nur in der Praxis gescheitert, sondern auch in der Theorie. Seine Prognosen erwiesen sich in der Gesamtbetrachtung als falsch, wenn auch manche einzelne Beobachtung und Analyse ihre Richtigkeit haben mag.

Die Arbeiterklasse wächst nicht. Sie schrumpft. Es entsteht kein Klassenbewusstsein, sondern die Zersplitterung der Milieus macht die unterschiedlichsten Einstellungen zur subjektiven Wirklichkeit mehr als deutlich. Der Marxismus ist letztendlich nur ein Idealismus, der den eigenen Kriterien an einen historischen Materialismus nicht genügt. Keine Verdrehungen und Anpassungen können diesen Umstand relativieren. Kein ideologischer Starrsinn wird dieses Dilemma lösen können.

Der Milieukampf könnte daher eine Theorie sein, die die Macht der Polarisierung in sich trägt und damit ggf. von der Sach- auf die Gefühlsebene gezogen wird. Das wäre unglücklich und es gilt, Derartiges zu vermeiden, denn am Ende ist nüchterne Darstellung das Ziel. Das Verstehen, nicht das Ideologisieren.

Gleich wie; das Tor für Kritik wird sich öffnen, doch gehört das zur Natur der Sache selbst und soll nicht weiter störend wirken. So viel vorab und mit diesen Worten wollen wir uns der Definition des Milieukampfes zuwenden:

> **Milieukampf bedeutet, dass sich zwischen den Lebenswirklichkeiten (Milieus) einer Gesellschaft (oder mehrerer Gesellschaften) Konflikte ergeben, die aktiv oder passiv ausgetragen werden.**

Und trotzdem waren und sind alle Ideen wichtig, denn gerade in ihren Irrtümern erwachsen oft stärkere und bessere Gedanken. Dies mag hier, aufgrund des missglückten Experiments am Menschen, nur eingeschränkt gelten, allerdings waren die wichtigsten Theoretiker bei der praktischen Umsetzung bereits verblichen. Marx als Wirtschaftstheoretiker? Gerne! Marx als Weltenheiland? Nein, danke!

Der Grundgedanke ist somit kein schwieriger: Ein Milieu ist die Zusammenfassung von Menschen mit ähnlichen Interessen, Weltansichten, Einstellungen, Mentalitäten und Werten zu einer Gruppe – und zwischen diesen und anderen Gruppierungen existiert ein Potenzial für Auseinandersetzungen, das auf deren Unterschieden basiert.[151] Da die Gesellschaft erodiert und durch den Zeitenwandel immer

[151] Zur Vereinfachung bleiben wir bei den bislang vorgestellten Milieumodellen. Beispielsweise hat das konservativ-etablierte Establishment einen klaren gesellschaftlichen Führungsanspruch, der sich selten mit jenem des liberal-intellektuellen und gar nicht mit dem des sozialökologischen Milieus verträgt. Alle drei haben aber den Anspruch der gesellschaftlichen Führerschaft.

weiter und schneller zersplittert,[152] herrscht heute ein weitaus komplexeres und größeres Konfliktpotenzial als in der Vergangenheit, das sich zudem stetig wandelt.[153]

Dieses Potenzial und dessen Entfaltung abzubilden fällt bislang schwer, weil es an entsprechenden Modellen und Theorien mangelt. Woher sollen sie auch kommen, wenn die Veränderungen so schnell und dynamisch stattfinden? Wenn Milieus in einer solchen Geschwindigkeit zerfallen? Wenn die technologische Entwicklung förmlich springt oder die Individualisierung in nie gekannte Umlaufbahnen tritt? Woher soll man die Datengrundlagen nehmen?[154]

---

[152] Dies wurde ausführlich dargelegt; die Benutzung des Begriffes „zersplittert" dient der vereinfachten Zusammenfassung eines komplexen Vorganges.

[153] Aus dieser Vergangenheit stammt beispielsweise das Links-Rechts-Schema, das noch immer gerne angewandt wird, aber die Komplexität des Milieukampfes nicht abbildet und diesen sogar noch durch seine Vereinfachung verschärft. Ein ursprünglich deskriptives Modell wurde im Laufe der Zeit zu einer ideologischen Einteilung, die heute nicht mehr hilfreich sein kann. Es ist daher im Sinne des gesellschaftlichen Friedens dringend zu verwerfen.

[154] Beispielsweise haben auch die im ersten Kapitel vorgestellten Milieumodelle oft einen jahrelangen Vorlauf.

Es scheint daher Lücken zu geben und die Theorie des Milieukampfes wird sich bemühen, einige davon zu schließen oder zumindest eine Diskussionsgrundlage zu offerieren, die klügeren Köpfen als Anregung dienen könnte.

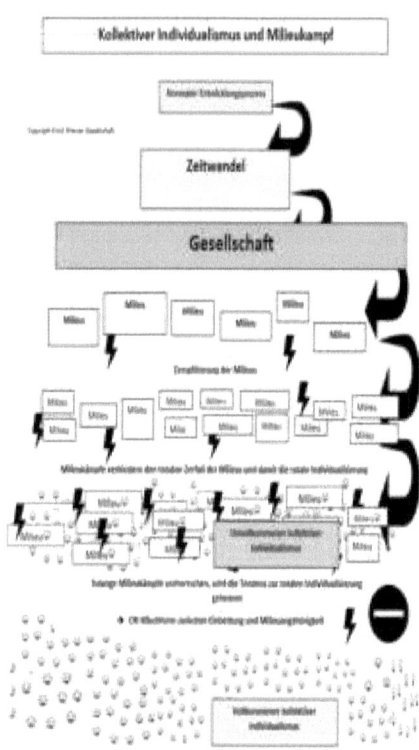

Beginnen wir mit einigen zentralen Leitsätzen.

Vorgestellte Strukturen mit dem Aufdruck 2020 basieren daher auf Datenmaterial, das vor einigen Jahren gesammelt und aufbereitet wurde. Die Forschung läuft an dieser Stelle der Wirklichkeit nach.

4.2.1 Milieukonflikt und Milieukampf

„Klassenkampf? Es waren immer nur Milieu-
kämpfe!"

> Dem Milieukampf gehen stets Milieukonflikte voraus.

Erneut ein neuer Begriff? Er soll sogleich näher beleuchtet werden:

> Milieukonflikte sind Konflikte, die dann begründet werden, wenn die Bedürfnisse der Milieubildenden teilweise oder völlig unerfüllt bleiben bzw. das Selbstverständnis der Lebenswirklichkeit attackiert wird.

Diese Konflikte können sowohl innerhalb einer Lebenswirklichkeit als auch mit Bezug auf weitere Milieus entstehen. Die beiden Grundkonstellationen von Milieukonflikten sind:

- **Fehlende Befriedigung von Bedürfnissen der Personen, welche dieser Lebenswirklichkeit zugeordnet werden**[155]

---

[155] Dass Derartiges zugleich zur Erosion des Milieus führen kann, soll für den Moment ohne Belang sein, denn an dieser

Der Angehörige eines Milieus nutzt die Lebenswirklichkeit dazu, Teile seiner Bedürfnisse zu befriedigen. Als Beispiel soll hier ein Partizipant des traditionellen Milieus herangezogen werden, der in der gesellschaftlichen Sicherheit der Lebenswirklichkeit seinen Anker findet. Der Milieuangehörige identifiziert sich zudem mit dessen Gruppenidealen. Damit wird es Teil der eigenen Identität.[156]

Können die Bedürfnisse des Milieus, die letztendlich das kumulierte Wollen der Einzelnen sind, nicht mehr ausreichend befriedigt werden, so entsteht ein Konflikt, der sich durch gruppendynamische Prozesse womöglich noch verstärken könnte.

Stelle wird die Theorie des Milieukampfes im Vordergrund stehen.

[156] Vgl. hier auch die Beispiele in Kapitel 4.1.4 zum Themenkomplex Identität. Nicht alle Bedürfnisse lassen sich zudem auf dem individualisierten Weg befriedigen. Die Milieus haben noch immer eine entsprechende Unterstützungsfunktion.

Im konkreten Beispiel könnte der Traditionalist nun bemerken, dass alte Werte und Selbstverständlichkeiten in der Gesamtgesellschaft kaum mehr eine Rolle spielen und ihm damit praktisch seine Welt genommen wird. Sein Bedürfnis nach einer akzeptablen Welt wird nicht mehr ausreichend befriedigt. Das könnte zu einer entsprechenden Unzufriedenheit führen, die vermutlich von vielen Angehörigen der Lebenswirklichkeit geteilt werden würde. Ein brodelnder Vulkan, der nur auf einen Ausbruch wartet. Das Potenzial kann sich sofort artikulieren oder jahrelang anschwellen. Es wird sich aber zwangsläufig irgendwann entladen. An dieser Stelle sollten auch zwei Konstellationen beachtet werden:

- o <u>Können andere Milieus für den Zustand verantwortlich gemacht werden?</u> In diesem Fall wird aus einem Milieukonflikt sofort ein Milieukampf, und das unabhängig davon, ob der identifizierte Verantwortliche wirklich einen Beitrag zu den empfundenen Zuständen geleistet hat oder nicht. Dass es an dieser Stelle mannigfaltige Möglichkeiten der Manipulation gibt, muss nicht gesondert erwähnt werden.

o Es lässt sich kein (potenziell) verantwortliches Milieu für den wahrgenommenen Zustand identifizieren. In diesem Fall schwillt der Konflikt an, gärt und wartet auf Entladung. Oft ist er dabei selbst für Angehörige des jeweiligen Milieus nicht artikulierbar. Das Gefährliche an diesem Potenzial ist, dass es sich urplötzlich entladen kann, und zwar auch an Elementen, die mit dem ursprünglichen Konflikt nichts mehr zu tun haben. Diese Form der Entladung findet sich in der westlichen Welt mittlerweile relativ häufig, wenn einzelne Themen wie Flüchtlinge, Klima oder Corona eine Diskussionskultur erleben, die eine ungekannte Verhärtung der

Positionen nach sich zieht. Fatal wäre es nun, diese abzuwerten. Stattdessen müssen die dynamischen gesellschaftlichen Prozesse dahinter verstanden werden.

- **Wahrgenommene Attacken auf das Selbstverständnis (z. B. Selbstbestimmung, Identität usw.) der Lebenswirklichkeit**[157]

Jedes Milieu besitzt ein individuelles Selbstverständnis, welches sich durch die Bündelung von ureigenen Interessen, Weltansichten, Einstellungen, Mentalitäten, typischen Verhaltensweisen, Empfehlungen für das eigene Handeln und Werte auszeichnet. Diese Bündelung in einem Milieu, die letztlich eine Identität darstellt, ist einzigartig und mit keiner anderen Lebenswirklichkeit deckungsgleich. Wird

---

[157] Es ist darauf hinzuweisen, dass keine Doppelung von Bedürfnissen vorliegt, denn im ersten Fall ist das Individuum gemeint, in der zweiten Konstellation die Lebenswirklichkeit; salopp ausgedrückt ist das eine die Person, das andere die Gruppe.

dieses Selbstverständnis attackiert, so entsteht ebenfalls ein Milieukonflikt. Was aber genau ist ein Angriff? Das Wort ist sehr weit zu fassen, denn es bedarf keiner konkreten Handlung eines Milieus, um in Konflikt mit einem weiteren zu geraten. In vielen Fällen genügt es bereits, dass besagte Lebenswirklichkeit existiert und die Werte und Einstellungen von den eigenen abweichen, um einen Konflikt entstehen zu lassen. Beispielsweise betrachtet das konservative Establishment die Forderung des sozialökologischen Milieus nach der Änderung der bisherigen Lebensweise gewöhnlich als Provokation. Aus diesem Konflikt muss nicht zwangsläufig ein Milieukampf werden und doch ist der Funke bereits vorhanden. Grundsätzlich ist aber auch an dieser Stelle zwischen folgenden Polen, mit den gleichen Konsequenzen, zu unterscheiden:

- o Können andere Milieus für den Zustand verantwortlich gemacht werden?

o Es lässt sich kein (potenziell) verantwortliches Milieu für den wahrgenommenen Zustand identifizieren.

4.2.2 Natur der Milieukämpfe

„Was einige als Menschenfeindlichkeit betrachten, ist oft nur schlichte Gewohnheit."

> Der Milieukampf muss nicht mit physischer Gewalt ausgetragen werden. Er muss nicht einmal zu aktiver Handlung führen, sondern kann sogar in Passivität münden.

Der Begriff des Kampfes suggeriert ein aggressives Vorgehen, tatsächlich ist er aber vielschichtig zu deuten. Führt ein Milieukonflikt zu einem Milieukampf, so kann dieser aktiv und passiv sowie mit unterschiedlicher Intensität ausgetragen werden:[158]

- verbal – nonverbal

---

[158] Die einzelnen Verhaltensmuster sind dabei nicht starr, sondern können wechseln. Beispielsweise sind auch temporäre Gewaltausbrüche von Gruppen denkbar, bei denen es weniger zu vermuten gewesen wäre. Ein typisches Beispiel wäre die Randale von Stuttgart im Juni 2020. Ursächlich hierfür waren Milieukonflikte, die im hedonistischen Milieu begannen, das massiv aufgrund der Corona-Beschränkungen in der Auslebung des Lebensstils beschränkt war.

- versteckt – offen – anonym

- Abschottung und Isolation

- Parallelgesellschaften

- Aktionen und Demonstrationen

- Konsumverhalten

- Wahlverhalten

- politisches Engagement

- Gewalt und Terrorismus

- Bürgerkrieg

Diese Liste ist nicht abschließend. Der Begriff des Milieukampfes darf daher nicht als ein Akt der physischen Gewalt fehlgedeutet werden. Der Milieukampf wird auf mannigfaltige Art und Weise geführt und muss, in manchen Ausprägungen, auch Teil der demokratischen Streitkultur sein.[159]

---

[159] In einer demokratischen Ordnung sollte es immer Raum für den Diskurs geben. Im Ideal steht am Ende der Ausgleich der Interessen. Diese Balance scheint in der heutigen Zeit in vielen Fällen verloren gegangen zu sein. Zu verhärtet erscheinen die Fronten. Das liegt mitunter auch an den beschriebenen Entladungen von schwellenden Konflikten. Der Fehler war es, diese zu ignorieren oder gar nicht erst zu erkennen.

4.2.3 Milieukoalitionen

„Die Umsetzung der Idee einer besseren Welt scheitert in der Regel nicht an der Reinheit des Gedankens, sondern am Menschen."

Im Rahmen von Milieukämpfen kann es temporäre Bündnisse – auch über die Grenzen einer Gesellschaft hinaus – geben. Sie sind aber zumeist vorübergehender Natur (Milieukoalitionen).

Ein Phänomen des Milieukampfes sind Milieukoalitionen. Dieses bedeutet, dass ein Zusammenwirken zweier oder mehrerer Lebenswirklichkeiten einem übergeordneten Interesse dienen kann oder dass dies so erscheint.[160] An dieser Stelle bietet es sich an, zwei Arten von Koalitionen zu unterscheiden:

---

[160] Wobei dieses Interesse in nicht wenigen Fällen nur bedingt identisch sein muss.

- **Scheinkoalitionen**

  Wie es der Name bereits andeutet, erfolgt innerhalb von Scheinkoalitionen keine echte Kooperation, sondern das Ergebnis lässt individuelles Handeln aufgrund spezifischer (Milieu-)Bedürfnisse und Aktionen als gemeinsamen Willen erscheinen.[161] Scheinkoalitionen werden oft fehlgedeutet und führen zu teilweise katastrophalen gesellschaftlichen Interpretationen, die etwaige Milieukonflikte und -kämpfe ungewollt intensivieren.[162]

---

[161] Ein typisches Beispiel wären hier Protestwähler, die unterschiedlichen Milieus angehören und gezielt eine Partei wählen, um ihrer Empörung Ausdruck zu verleihen.

[162] Typisches Beispiel: Das Links-Rechts-Schema, das eine unzulässige Bündelung von völlig unterschiedlichen Lebenswirklichkeiten vornimmt und nicht berücksichtigt, dass sich durch das Wahl- und Artikulationsverhalten nicht selten innere Konflikte entladen, die wenig mit der politischen Einstellung zu tun haben. Ein unglücklicher Umgang mit diesen Milieus und Personen könnte die ungewollte Politisierung erst herbeiführen.

- **Echte Milieukoalitionen**

    Hier agieren Milieus, trotz einiger Unterschiede, bewusst gemeinsam. In der Vergangenheit erfolgte dies oft in der Konstellation eines Führungsmilieus und einer Folge-Lebenswirklichkeit.[163] Auf diese Konstellationen soll allerdings noch eingegangen werden.

Die Unterscheidung zwischen einer echten und einer scheinbaren Milieukoalition ist oft schwierig, da sich in der Realität verschiedene Motive vermischen.

> **Milieukämpfe können auch zwischen mehreren Gesellschaften ausgetragen werden. Gleiches gilt für das Bestehen von Konflikten und Koalitionen.**

In der Regel beschränken sich Milieukämpfe auf eine Gesellschaft. Tatsächlich können diese auch internationaler Natur sein. Die Wirkung des Zeitenwandels wird die Ent-

---

[163] In früheren Jahrzehnten folgte die bürgerliche Mitte beispielsweise gerne dem (bürgerlichen) Establishment und stellte dessen Führungseignung nicht infrage.

stehung von Lebenswirklichkeiten mit derartigen Vernetzungsmöglichkeiten weiter forcieren. Kämpfe, Konflikte und Koalitionen werden daher in Zukunft noch mehr gesellschaftsübergreifend vorhanden sein.[164]

---

[164] Vgl. die vorherigen Kapitel über die Ähnlichkeit der Milieu-Erosion im internationalen Vergleich. Beispielsweise verfolgen Angehörige des sozialökologischen oder des expeditiven Milieus eine internationale Agenda und Kooperationen sind in dieser Hinsicht keine Seltenheit.

4.2.4 Identifikation Führungswille

„Wenn das Spiel nicht zu gewinnen ist, dann ist ein Ändern der Spielregeln der bessere Weg zum Sieg."

Einzelne Milieus versuchen aktiv, die Gesellschaft zu beeinflussen oder zu steuern. Sie haben einen Führungsanspruch, der automatisch Milieukämpfe erzeugt.

Grundsätzlich lassen sich die Milieus in drei Kategorien einteilen:

- Führungsmilieus
- Folgemilieus
- Selbstbeschäftigungsmilieus

In der Folge soll versucht werden, entsprechende Lebenswirklichkeiten zu identifizieren. Die Zuordnung hat dabei keinerlei Anspruch auf Endgültigkeit oder Absolutheit, sondern kann selbstverständlich diskutiert und kritisiert werden. Als Basis für diese Einteilung sollen erneut die in Kapitel 1 vorgestellten Modelle als Muster dienen.

Führungsmilieus

Führungsmilieus haben den Anspruch, die Gesellschaft maßgeblich mitzugestalten. Folgende Lebenswirklichkeiten könnten dieser Kategorie zugeordnet werden:

- **Das konservativ-etablierte Establishment**

  Dieses standesbewusste Milieu betrachtet sich als natürliche Führungsschicht, die – aus ihrer Sicht – über viele Jahrzehnte ihren Wert bewiesen hat. In Deutschland wäre dies in der Regel die alte Elite der Bundesrepublik, die das Land seit ihrer Gründung beeinflusst, aber in den letzten 20 Jahren deutlich an Einfluss verloren hat.

- **Das liberal-intellektuelle Milieu**

  Die kritische, liberale und kosmopolitische Bildungselite versucht immer wieder, Diskussionen anzustoßen und zu steuern. Ihr Versuch der Einflussnahme ist groß, der Erfolg aber oft nur auf gewisse Themen begrenzt. Der Gestaltungswille ist gegeben. Zur Umsetzung der eigenen Ziele würde diese Lebenswirklichkeit auch offene Milieukämpfe riskieren.

- **Das sozialökologische Milieu**

  Diese Gruppierung bevorzugt die politische Korrektheit und Vielfalt. Rücksicht sowie Multikulturalismus stehen im Vordergrund. Der Internationalismus wird gegenüber dem Nationalismus bevorzugt. Letzterem steht man, wie dem traditionellen Konservatismus, sogar mit Verachtung gegenüber. Diese Lebenswirklichkeit übt starke Kritik an abweichenden Lebensstilen und versucht, sie in ihrem Sinne aktiv zu beeinflussen. Das Sendungsbewusstsein dieser Lebenswirklichkeit ist enorm. Milieukämpfe scheut sie nicht, sondern sucht sie aktiv.

- **Teile des expeditiven Milieus**

  Es lässt sich sicher darüber streiten, ob das sehr junge Milieu der Kreativen an dieser Stelle genannt werden sollte. Dieses zeichnet sich primär dadurch aus, dass es kreativ, vernetzt und ohne Denkverbote nach neuen Lösungen sucht. Zweifellos ist es eine der Lebenswirklichkeiten der Zukunft. Die junge Lebenswirklichkeit versucht, Einfluss zu nehmen, befindet sich aber in vielen Bereichen noch in einer Art experimentellen Phase. Daher verlaufen viele Aktionen, wie z. B. Graswurzelbewegungen, politischer Aktionismus, Crowdfunding-Aktionen, noch im metaphorischen Sande.[165] Doch das könnte sich innerhalb weniger Jahre ändern.

Zusammenfassung

In der Summe lässt sich bilanzieren, dass mehrere Lebenswirklichkeiten, die ca. 30 % der erwachsenen Bevölkerung vereinen, aktiv um die Führung der Gesellschaft ringen. Aufgrund ihrer unterschiedlichen Lebenseinstellungen, Zielsetzungen, Werte oder Normen ist das Konfliktpotenzial unübersehbar und wird in der Regel auch ausgeschöpft.

Einerseits handelt es sich dabei um zwingend notwendige demokratische Auseinandersetzungen, andererseits könnte bereits eine Stufe des Zerfalls erreicht sein, der die Unterschiede so betont, dass die Konsensbildung massiv erschwert wurde. Werden die Milieukonflikte und -kämpfe

---

[165] Es kommt darauf an, wie Erfolg definiert wird. Fridays for Future als Gruppe hatte eine große Resonanz. Was daraus erwachsen wird, ist noch offen.

daher zu einem dominierenden Faktor, so die demokratische Ordnung selbst in Gefahr. Das gestaltet sich im Besonderen noch kritischer, wenn die aktiven Führungsmilieus die Folgemilieus nicht mehr an sich binden können.

Folgemilieus

Die Folgemilieus verhalten sich in der Regel opportunistisch, passen sich an oder orientieren sich in großen Teilen an einer Leitlebenswirklichkeit: Mittlerweile ist allerdings eine Tendenz erkennbar, dass diese alten Bindungen sich lösen und die Folgemilieus nach neuer Orientierung suchen. Manche mehr, manche weniger.

- **Milieu der Performer**

  Die Performer stellen die Leistungselite dar, die sich primär über ihre ökonomische Stellung definiert. Um diese zu erreichen, scheut sie auch den internationalen Wettbewerb nicht. Die Einstellung zu Kapitalismus und Globalisierung ist in der Regel positiv. Die Angehörigen dieser Lebenswirklichkeit akzeptieren Autoritäten so lange, bis sie sich als inkompetent erweisen und ihnen damit den

Aufstieg bzw. ihren Status gefährden. Bestehen dann keine Ausweichmöglichkeiten mehr, zeigen sie sich auch vermehrt politisch aktiv. Langfristig ist es nicht auszuschließen, dass dieses Milieu einen Führungsanspruch entwickelt.

- **Bürgerliche Mitte**

  Die bürgerliche Mitte möchte sicher und zufrieden leben. Dafür ist sie maximal leistungs- sowie anpassungsbereit und akzeptiert die geltenden Herrschaftsverhältnisse. Sie wird die bestehende Ordnung so lange unterstützen, solange sie das Gefühl von Sicherheit besitzt und Abstiegsängste zerstreut werden können. Einst folgte sie bevorzugt dem konservativen Establishment. Diese Bindung scheint sich mehr und mehr zu lösen.

- **Adaptiv-pragmatisches Milieu**

  In dieser Kategorie findet sich die moderne und junge bürgerliche Mitte, die noch anpassungsfähiger und flexibler ist als die klassische Bürgerlichkeit. Sie ist weltoffen, optimistisch und möchte in erster Linie einen Platz für sich und Sicherheit finden. Sie ist weitaus schwerer zu erschüttern als die bürgerliche Mitte, aber auch ihr Schwachpunkt ist die angestrebte Sicherheit. Um sie zur Aktivität zu treiben, bedarf es erheblicher Einschnitte in diesem Bereich.

- **Teile des expeditiven Milieus**

  Das Kreativmilieu schwankt zwischen Führungsaktivität und Mitläufertum, weshalb es auch bei beiden Kategorien genannt werden soll.

Zusammenfassung

Mit ungefähr 30 % der erwachsenen Bevölkerung stellt auch der Block der Anpassungsfähigen ein gewichtiges Potenzial dar. Den Lebenswirklichkeiten gemein ist es, dass sie den gegebenen Rahmen sowie die vorhandene Ordnung und auch Führungslebenswirklichkeiten akzeptieren, solange diese sich nicht gegen ihre elementaren Interessen wenden. Geschieht das, geht das angesprochene Vertrauen verloren und Milieukonflikte entstehen.

Selbstbeschäftigungsmilieus

Die Selbstbeschäftigungsmilieus sind, der Name lässt es bereits vermuten, primär mit sich selbst beschäftigt. Die größte Gefahr besteht darin, sie zu vernachlässigen und nicht zu bemerken, wenn diese den Eindruck entwickeln, dass ihre jeweiligen Ideale (z. B. Hedonismus, Tradition) verloren gehen oder ihre soziale Lage sich weiter verschlechtert. Grundsätzlich besteht die Gefahr der Abkoppelung bei gleichzeitigem Anschwellen von Milieukonflikten: Werden diese entladen, wenden sich auch die Lebenswirklichkeiten nach außen und es könnte sich als sehr schwierig erweisen, wieder eine gemeinsame Vertrauensbasis zu erarbeiten.

- **Hedonistisches Milieu**

  Die Hedonisten sind klassische Vertreter der Spaßgesellschaft und lieben die Aktion. Sie interessieren sich wenig für die große Politik oder gesamtgesellschaftliche Fragen. Auf Demos geht man gelegentlich, aber um des Events willen, nicht aufgrund der Botschaft. Es zählen Konsum und Erlebnis. Nimmt man ihnen „Brot und Spiele", können auch sie radikal handeln.

- **Traditionelles Milieu**

Der klassische Kleinbürger liebt seine Idylle und die eigenen Traditionen. Er passt sich nicht gerne an und akzeptiert Veränderungen nur, wenn es gar nicht anders geht. Um ihn zu verlieren, muss man nur seine Lebenswelt attackieren und ihn zu den ungeliebten Veränderungen zwingen. Früher hätte sich das traditionelle Milieu dem konservativ-etablierten Establishment angeschlossen, um seiner Stimme politisches Gewicht zu geben. Heute erreichen aufgezwungene Veränderungen quasi ein Paradoxon: Der spießige Kleinbürger, der das Bestehende bewahren will, orientiert sich erstaunlich häufig vollkommen neu und hinterfragt alle Autoritäten. Verstärken sich die Abstiegsängste, wird die Reaktion entsprechend ausfallen.

- **Prekäres Milieu**

Das prekäre Milieu kämpft wirtschaftlich um das Überleben. Man hat ein niedriges Einkommen, fühlt sich abgehängt, benachteiligt und ringt hart um ein wenig Anerkennung. Der Glaube an Gerechtigkeit oder an die bestehende Ordnung ist kaum mehr vorhanden. Allerdings fehlt die Kraft, selbst politisch aktiv zu werden. Da die vorhandenen Autoritäten in ihren Augen zu oft versagt haben, ist man inzwischen bereit, auch Alternativen näher zu betrachten. Eifrige Ideologen identifizieren die prekäre Lebenswirklichkeit gerne mit einer verarmten Arbeiterklasse.

Zusammenfassung

Insgesamt leben beinahe 40 % der erwachsenen Bevölkerung praktisch in ihrer eigenen Wirklichkeit. Auffällig ist, dass die zentralen Antriebsfedern oft auch solche sind, die schnell mit Emotionen verknüpft werden können. Nicht selten schwelen seit Jahren Milieukonflikte, die sich bislang nur in Teilen entladen haben. Es handelt sich daher um „Schubladen", deren Akzeptanz schnell verloren werden kann. Passiert dies, wird es schwer bis unmöglich, diese zurückzuholen, es sei denn, es erfolgt erneut eine emotionale Berührung.

Die Gesellschaft im Zeitalter des kollektiven Individualismus

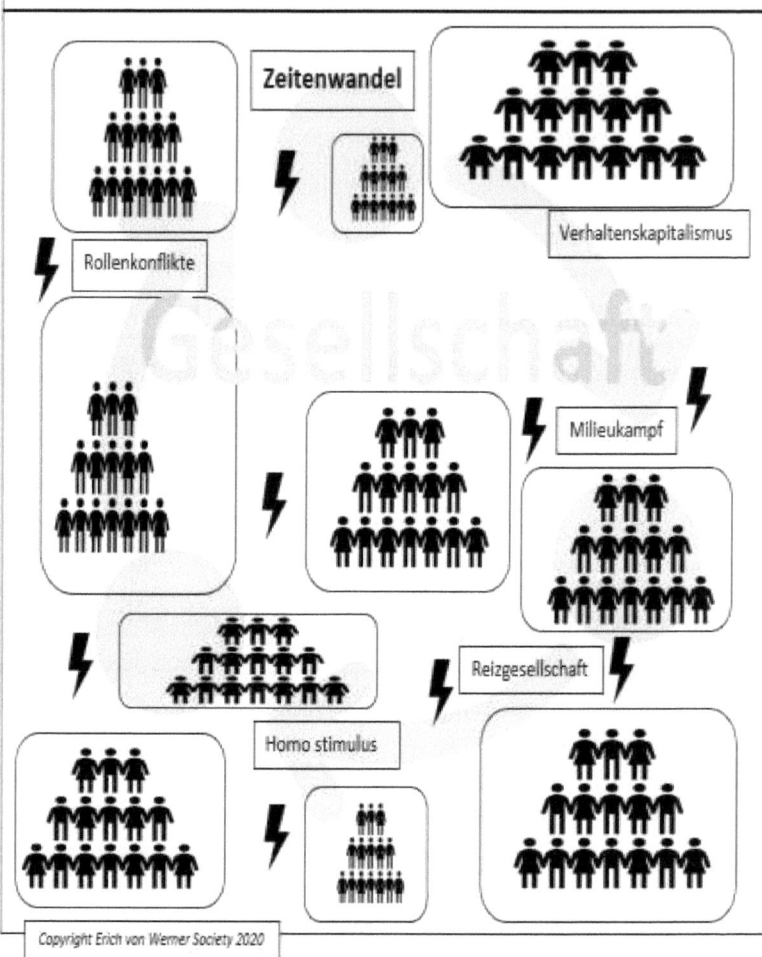

236

4.2.5 Erklärungsmuster für gesellschaftliche Prozesse?

„Die Furcht vor der Tiefe ist die Furcht vor sich selbst und zutiefst menschlich."

Mit der Theorie des Milieukampfes haben wir Neuland betreten und uns an einer ersten Orientierung versucht. Anfängliche Leitsätze, Thesen und Zusammenhänge, die für sich wirken und bewusst nicht bis zum Letzten ausformuliert werden sollen. Es liegt nun an den Lesern, diese zu bewerten, zu befürworten, zu vergessen, abzulehnen oder zu diskutieren.

Trotzdem sei davor gewarnt, eine einzelne Theorie aus dem Gesamtkontext auszuklammern. Der Zeitenwandel wirkt weiter, die Kräfte des Individualismus sind präsent und die Identifikationsdissonanz wird nicht verschwinden. Eine wirkliche Einordnung ist nur in das Gesamtbild möglich. Daher sollte die Theorie des Milieukampfes mehr als unterstützende Hilfe für die Erklärung gesellschaftlicher Prozesse im 21. Jahrhundert betrachtet werden denn als eigenständiges Paradigma.

Doch es soll noch einmal verdeutlicht werden, warum es eines ganzheitlichen Blickes bedarf: Gesellschaftliche Entwicklungen haben immer auch Auswirkungen auf die politische Landschaft. In den letzten Jahren erlebte der Westen hier mannigfaltige Veränderungen, wie z. B.:

- den Aufstieg nicht dem politischen Establishment angehörender Personen, Parteien oder Organisationen (z. B. die Wahl von Donald Trump zum US-Präsidenten 2016),

- die Erosion der politischen Systeme und einen massiven Vertrauensverlust (z. B. die Stimmenverluste der einstigen Volksparteien in Europa),

- das Entstehen von neuen Parteien oder politischen Bewegungen (z. B. in Deutschland, Italien oder Frankreich),

- den Zugewinn an den politischen Rändern (z. B. die Stimmgewinne für rechte und linke Positionen),

- ungeplante zentrale Weichenstellungen (z. B. Brexit),

- Machtgewinn nichtdemokratisch legitimierter Organisationen auf politische Willensbildungsprozesse (z. B. Fridays for Future im Bereich Klimaschutz, NGO-Einfluss, Proteste gegen Regierungsentscheidungen im Bereich Flucht oder COVID-19),

- Auftauchen gelenkter bzw. autoritärer Modelle als Gegenentwurf bzw. Alternative zu den kriselnden eigenen Systemen (z. B. der wirtschaftliche Aufstieg Chinas),

- temporäre Gewaltausbrüche (z. B. in Stuttgart im Juni 2020 oder im Rahmen von Black Lives Matter).

Diese Entwicklungen stehen im unmittelbaren Zusammenhang mit den verschiedenen Themenkomplexen dieses Buches, und insbesondere die Theorie des Milieukampfes könnte sich an dieser Stelle als hilfreich erweisen, um zu erklären, wie beispielsweise ein „Außenseiter" wie Donald Trump zum US-Präsidenten werden konnte: zum einen durch die geschickte Entladung innerer Milieukonflikte,[166] aber zum anderen eben auch durch individuelle Einbettungsversuche.[167]

Trumps Erfolg lässt sich daher durch die Theorie des Milieukampfes in Teilen erklären, doch das Bild wird erst rund, wenn berücksichtigt wird, dass es ihm gelang, die Identifikationsdissonanz durch parallele Einbettung und Milieubearbeitung zu verringern. Das ist letztendlich das Geheimnis des Präsidenten Donald Trump.

---

[166] Trump hat es hier geschafft, die Milieukonflikte mehrerer Lebenswirklichkeiten zu entladen, die aufgestaute Wut und Unverständnis auf das Establishment zu lenken, das eben zuvor den Fehler gemacht hat, diese Konflikte zu ignorieren. Ein großer Teil dieser Milieus interessiert sich inhaltlich lediglich begrenzt für Trumps Positionen, aber dafür umso mehr dafür, sich entladen zu können. Diese Entladung sollte aber nicht mit einem Protest verwechselt werden. Ein Protest ist temporär. Die Entladung verändert dauerhaft. Etwaige inhaltliche Dissonanzen können Trump daher viel weniger schaden, als man dies oft vermutet.

[167] Hier sei nur an den Skandal um Cambridge Analytica erinnert. Das Unternehmen sammelt, speziell für den Wahlkampf, gezielt Verhaltensdaten zum Zwecke der Einbettung. Das Problematische dabei war, dass dabei primär von einer Lücke in den Sicherheitsmechanismen von Facebook profitiert wurde.

Ähnliche Mechanismen lassen sich hinter vielen der Umwälzungen erkennen, wenngleich sie auch nicht immer mit einem solchen Geschick bespielt wurden. Vergleicht man diese Interpretation mithilfe der Theorie des Milieukampfes mit vielen bisherigen Analysemodellen, so ist der Fortschritt in der Präzisierung unübersehbar: Es erfolgen keine Pauschalisierungen, die tendenziell nicht beschreibend, sondern konfliktverschärfend wirken. Es kommt zu keinem vereinfachten Links-Rechts-Schema, das hinter der Entladung eines Milieukonfliktes eine politische Meinungsäußerung oder einen platten temporären Protest, der nur wie ein durchgegangenes Pferd wieder eingefangen werden muss, vermutet.

Die Anwendungsmöglichkeiten enden auch dann nicht, wenn die Milieus in der Form, wie sie in diesem Buch als Exempel genutzt wurden, nicht mehr existieren,[168] da die Natur der Thesen die gleiche bleibt, egal wie viele und welche Milieus es in näherer Zukunft geben wird. Im Gegenteil

---

[168] Wie bereits mehrfach betont, bedurfte es lediglich eines verifizierbaren und wissenschaftlich anerkannten Ausgangspunktes, mit dessen Hilfe sich die Ideenentwicklung vorantreiben ließ.

geht diese Monografie sogar davon aus, dass das Zeitalter des kollektiven Individualismus die Lebenswirklichkeiten weiter zerfallen lässt.

Die Theorie des Milieukampfes bietet daher, wie auch andere Ansätze in diesem Buch, die Möglichkeit, bisherige Methoden der Beschreibung zu verfeinern sowie der Komplexität und Dynamik einer neuen Zeit ein Stück gerechter zu werden. Nutzen wir diese Chance.

Weiterführende Literatur:

- Herteux, Andreas – **Erste Grundlagen des Verhaltenskapitalismus: Bestandsaufnahme einer neuen Spielart des Kapitalismus.** Erich von Werner Verlag, 2019, ISBN 978-3981900651, DOI 10.5281/zenodo.3469587.

- Herteux, Andreas – **Homo stimulus: Grundlagen menschlicher Anpassung und Weiterentwicklung im Zeitalter des kollektiven Individualismus.** Erich von Werner Verlag, ISBN-13: 978-3948621124, DOI 10.5281/zenodo.3666616.

5. Die Gesellschaft des 21. Jahrhunderts

„Es ist bemerkenswert, wie unser Geist uns oft von dem ablenken möchte, über das es sich am meisten nachdenken lohnen würde: von uns selbst."

Marcus Licinius Crassus (114–53 v. Chr.) war ein geschäftstüchtiger Mann mit entsprechendem Erfolg. Manche sprechen sogar vom reichsten Mann aller Zeiten, doch Derartiges werden wir nicht überprüfen können. Wie aber wurde er so vermögend? Nun, Crassus handelte mit Immobilien und Sklaven, hielt so manche Mine, aber das Kapital für diese Geschäfte erwirtschaftete er auf eine andere Art und Weise. Um diese Idee zu verstehen, muss man sich in seine Heimatstadt Rom zurückversetzen, die sich massiv veränderte und auf einen ersten Höhepunkt zusteuerte. Diese wuchs und wuchs, was dazu führte, dass die Knappheit an Wohnraum zu immer enger aneinander und höher gebauten Behausungen führte, die zumeist aus Holz errichtet wurden. Es versteht sich von selbst, dass die Brandgefahr enorm war und immer wieder schreckliche Feuerausbrüche ganze Viertel bedrohten. Eine offensichtliche Gefahr, die jedoch der römische Staat nicht unter Kontrolle bringen konnte. Wohl aber Marcus Crassus, der auf dem Markt einige Hundert Sklaven erwarb und damit die erste private Feuerwehr der Welt bildete. Sobald also nun der Hauch der Brandgefahr wahrzunehmen war, vielleicht half man hier auch etwas nach, rückten seine Sklaven schon aus. Angekommen löschten sie aber nicht etwa das Feuer, sondern es wurde über den Preis der Dienstleistung mit dem Hausbesitzer und dessen Nachbarn, die bei einem Ausbreiten ebenso betroffen gewesen wären, verhandelt. Es versteht sich von selbst, dass dies keine unangenehme Verhandlungssituation für Crassus war und er entsprechend daran verdiente. Doch selbst wenn der Hausbesitzer sich weigerte und die Flammen ihren Weg gingen, blieb der Römer in der Regel der Gewinner, denn er kaufte das abgebrannte Gebäude auf, riss es ab, baute durch seine Fachkräfte neu und veräußerte oder vermietete es zu lukrativen Preisen. Generell investierte er immer mehr in Immobilien und hatte irgendwann auch die Möglichkeit, konfiszierte Wohnungen, Häuser und Villen im großen Stil zu günstigen Preisen zu erwerben. Das Kapital hatte er entsprechend kumuliert. Marcus Licinius Crassus benutzte geschickt die Kräfte des

Marktes und könnte daher als einer der größten Kapitalisten der Weltgeschichte bezeichnet werden. Dass ihm das am Ende nicht genug war und er auch eine politische und militärische Karriere anstrebte, wobei letztere ihm am Ende zum Verhängnis wurde, ändert nichts daran, dass sein Geld die Eintrittskarte für höhere Weihen darstellte. Crassus war ein Mann, der in einer sich verändernden Welt erst Möglichkeiten erkannte und dann an ihnen scheiterte.

Analog der Übergangszeit von römischer Republik zu Diktatur und Kaiserreich wird auch das 21. Jahrhundert, das Zeitalter des kollektiven Individualismus, viele Chancen bieten. Furcht ist daher nicht nötig, dafür aber pragmatisches Denken und der Wille zur Gestaltung. Hierfür bleibt es aber, wie Crassus es tat, notwendig, die Zeit, in der die eigene Geschichte geschrieben wird, zu verstehen. Die letzten Kapitel wollten hierzu ihren Beitrag leisten und haben mehrere wichtige Entwicklungen beschrieben:

- Den Zeitenwandel, der zahlreiche Entwicklungen und deren Wechselwirkungen in einem Begriff bündelt. Natürlich lässt sich diese Zusammenfassung diskutieren, die einzelnen Elemente jedoch nicht. Es handelt sich um reale Einflüsse, deren

Existenz in der Gesamtheit kaum widersprochen werden kann.[169] Warum sie dann nicht unter einem Schlagwort komprimieren und so verdeutlichen, dass sie nicht isoliert betrachtet werden sollten, sondern als Variablen einer Formel, welche die Kraft der gegenseitigen Beeinflussung in sich trägt? Letztendlich ist der Zeitenwandel ein Brandbeschleuniger, der alles dynamisiert. Und wie lässt sich diese Geschwindigkeit der Veränderung auch ernsthaft leugnen? Der Zeitenwandel ist es, der einen gewaltigen Druck ausübt. Auf die Wirtschaft, die Politik, die Gesellschaft, den Menschen – nichts scheint unbetroffen, auch wenn dieses Buch einen Fokus gelegt hat. Alles wirkt dabei zusammen und beeinflusst sich gegenseitig.

---

[169] Es mag vereinzelt Menschen geben, die das Glück haben, in einer Konstellation zu leben, in der sich das eigene Sein seit Jahrzehnten nicht verändert hat, und die von jeder Veränderung gänzlich unbeeinflusst sind, allerdings würden diese wohl eher nicht zu dem vorliegenden Buch gegriffen haben.

Einflüsse auf das Individuum im Zeitalter des kollektiven Individualismus des 21. Jahrhunderts

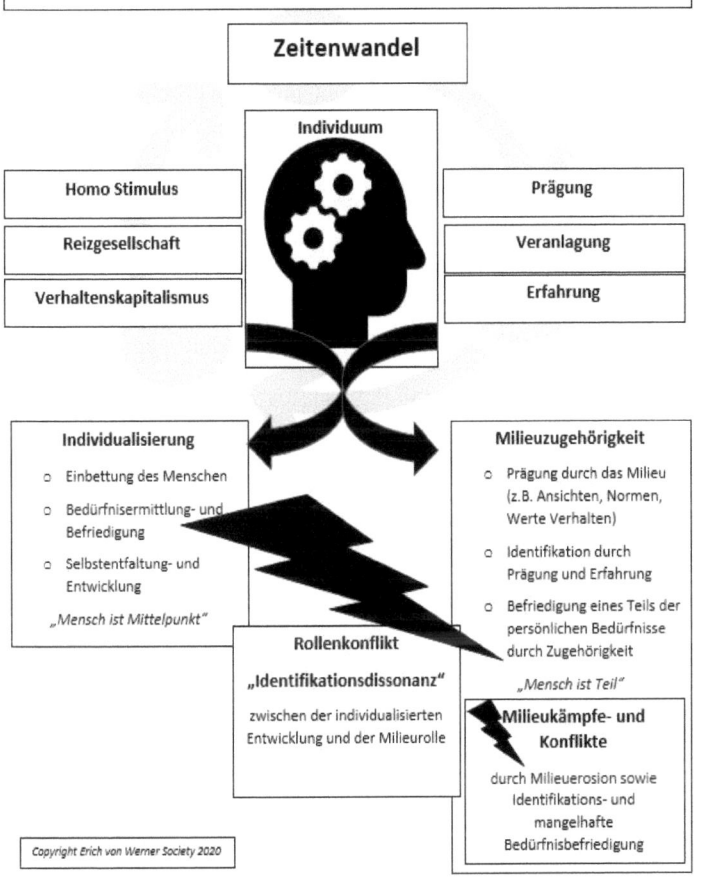

Zeitenwandel

Individuum

Homo Stimulus

Reizgesellschaft

Verhaltenskapitalismus

Prägung

Veranlagung

Erfahrung

Individualisierung

○ Einbettung des Menschen

○ Bedürfnisermittlung- und Befriedigung

○ Selbstentfaltung- und Entwicklung

„Mensch ist Mittelpunkt"

Milieuzugehörigkeit

○ Prägung durch das Milieu (z.B. Ansichten, Normen, Werte Verhalten)

○ Identifikation durch Prägung und Erfahrung

○ Befriedigung eines Teils der persönlichen Bedürfnisse durch Zugehörigkeit

„Mensch ist Teil"

Rollenkonflikt

„Identifikationsdissonanz"

zwischen der individualisierten Entwicklung und der Milieurolle

Milieukämpfe- und Konflikte

durch Milieuerosion sowie Identifikations- und mangelhafte Bedürfnisbefriedigung

- Diesem Druck haben die Gesellschaften nicht standgehalten. Aus einer langsamen, man würde fast von einer „natürlichen" Entwicklung sprechen, die vermutlich beherrschbar gewesen wäre,[170] wurde ein <u>rasender Zerfall in unzählige Lebenswirklichkeiten.</u> Besagte Erosion treibt wiederum den Zeitenwandel voran.

- Die Neugier trieb uns anschließend in die weite Welt und am Ende stand die Erkenntnis, dass der <u>Zerfall der Lebenswirklichkeit ein weltweites Phänomen ist</u> und kein westliches. Die entwickelten Staaten zerfallen ebenso wie jene, denen der Status noch nicht zugebilligt wird. Es ist ein ähnliches Muster, wenngleich das Ergeb-

---

[170] Gesellschaftliche Veränderung hätte es auch so gegeben, nur nicht in diesem Tempo. Viele relevanten gesellschaftlichen Kräfte hätten sich ohne die Dynamisierung vermutlich wesentlich besser darauf einstellen können, wenn die Veränderung aus einem Jahrzehnt auf deren zwei, drei oder gar vier verteilt gewesen wäre. Man vergleiche hier z. B. die Entwicklung von 1960 bis 1990. Gravierend, aber überblickbar.

nis aufgrund unterschiedlicher Ausgangsvoraussetzungen ein wenig variiert. Ein Prozess, der zudem noch lange nicht abgeschlossen ist.

- Der Zeitenwandel übt allerdings nicht nur Druck auf Gesellschaft und Milieus aus, sondern ist zugleich ein Individualisierungstreiber, indem er auch hier die Geschwindigkeit des Prozesses massiv dynamisiert. Daher haben wir die wichtigsten Manifestationen des Individualismus des 21. Jahrhunderts betrachtet und dabei vielleicht etwas ernüchternd festgestellt, dass die soziologische Deutung des Begriffes, bei der er – vereinfacht – als Übergang von der Fremd- zur Selbstbestimmung gedeutet wird, nur für das Leben in einem kollektiven Rahmen gelten kann, denn die neue Zeit schafft genau diesen scheinbaren Widerspruch: Selbstentfaltung innerhalb eines allgemeinen Spielfeldes, das sich hinter den Kulissen für alle gleich gestaltet. Das ist auch der Grund, warum diese Zeitperiode den Namen kollektiver Individualismus erhalten hat.

- Ein wesentlicher Treiber des Individualisierungsprozesses ist der Verhaltenskapitalismus,
eine logische Weiterentwicklung des Kapitalismus, bei dem menschliches Verhalten zu einem
Produktionsfaktor wurde. Diese neue Spielart
des Wirtschaftens entwickelte sich mit rasender
Geschwindigkeit und hat heute eine vielfach
noch unverstandene Macht über das Leben von
Millionen Individuen entwickelt. Dabei sind,
wie bei jeder Veränderung, sowohl Licht als
auch Schatten zu betrachten. Jene Balance zwischen Beherrschung und Bedürfniserfüllung,
die schnell kippen könnte und die dringend diskutiert werden sollte, denn der weltweite Sie-
geszug des Verhaltenskapitalismus ist nicht aufzuhalten, wohl aber lenkbar.[171] Der Verhaltenskapitalismus selbst wäre ohne die zahlreichen

---

[171] Manch Leser mag nun einwenden, dass der
Verhaltenskapitalismus ein westliches Phänomen wäre,
allerdings würde das einen Irrtum darstellen, denn
grundsätzlich ist zwar zwischen der westlichen Variante des
Kapitalismus und der gelenkten des Ostens zu unterscheiden,
aber das ist für das Prinzip selbst irrelevant. Beispielsweise

Wechselwirkungen, die der Zeitenwandel dynamisiert hat, nicht denkbar gewesen.

- Als ein wesentlich bedingender Faktor erwies sich die Entwicklung der <u>modernen Reizgesellschaft,</u> die in ihrem Heranwachsen über mehrere Jahrzehnte betrachtet wurde. Auch sie ist ein Produkt des Zusammenspiels verschiedener Kräfte, das nur in einer Gesamtschau verstanden werden kann. Am Ende steht eine Welt, in der in starker Frequenz beeinflussende, in der Regel künstlich erzeugte Reize gesendet werden, die in vielen Fällen keine Grenzen, wie z. B. die Privatsphäre, mehr kennen. Nicht weil

---

nutzt auch China als Staat verhaltenskapitalistische Methoden bzw. übt einen entsprechenden Einfluss auf die eigenen großen Technologieunternehmen wie Tencent oder Ali Baba aus. Wer nun die Verhaltenskapitalisten sind, ist für die Anwendung desselbigen völlig unbedeutend. Zudem, und das sei angemerkt, ist auch im Westen im Moment keine große Konkurrenz zu erkennen. Der Verhaltensmarkt dürfte die Strukturen eines Oligopols aufweisen.
Bedauerlicherweise war es im Rahmen dieses Buches nicht möglich, auf politische und wirtschaftliche Entwicklungen detaillierter einzugehen, da die Konzentration auf die Gesellschaft erfolgte.

sie diese gewaltsam überschreiten, sondern weil viele Nutzer nicht selten Tür und Tor öffnen und sie ausdrücklich in ihr Leben bitten. Eine Entwicklung, von der nicht alle betroffen sein mögen,[172] die aber für jede neue Generation selbstverständlicher sein wird.

- Diese Reizsetzung hat sich in den letzten Jahren so intensiviert, dass die Mutmaßung aufgestellt und mit entsprechenden Belegen unterfüttert wurde, dass sich längst ein neuer Reizmensch entwickelt hätte: der Homo stimulus. Dieser spielt bereits heute eine wichtige Rolle und wird sich stetig weiter ausbreiten.

- Am Ende könnte der Individualisierungsprozess zu einer totalen Einbettung führen. Dem Schaffen einer eigenen Welt, in welcher der Einzelne und dessen Bedürfnisse den Mittel-

---

[172] Hier kommen dann Faktoren, wie die natürliche Veranlagung, die gesellschaftliche Prägung oder die bisherigen Erfahrungen, ins Spiel.

punkt darstellen. Der Gipfel der Selbsterfüllung. Der Individualismus im kollektiven Rahmen. Vollständiger kollektiver Individualismus.

- Und doch wird es diesen im 21. Jahrhundert vermutlich noch nicht in seiner Reinform geben. Er existiert unvollkommen und dieser unvollständige kollektive Individualismus bleibt ein kollektiver Individualismus, bei dem der Individualisierungs- und Einbettungsprozess gehemmt oder verlangsamt wird bzw. (noch) nicht vollständig abgeschlossen werden kann.

- Aus diesem Grund haben wir uns mit diesen Hemmnissen beschäftigt und sind dabei zuerst auf die moderne Identifikationsdissonanz gestoßen, jenen innerlichen Widerspruch zwischen einem Leben als eingebetteter König und der Milieurolle. Doch im Grunde genommen sind es keine verschiedenen Rollen, sondern es ist eine gespaltene Identität, die nicht in Einklang gebracht werden kann. Dieser Vorgang könnte die Milieus zusätzlich unter Druck setzen und deren Erosion beschleunigen.

- Und doch werden die Milieus nicht verschwinden, sondern weiter eine Rolle für die persönliche Identität und die Erfüllung bestimmter Bedürfnisse spielen. Zumindest solange die Einbettung diese Funktion nicht komplett übernehmen kann. Das ändert letztendlich aber nichts am weiteren Zerfall der Lebenswirklichkeiten. Im Gegenteil, die Annäherung und Anpassung an das Individuum ist sogar logische Konsequenz. Die Milieus der Zukunft werden andere sein.

- Der Gedanke der Milieurolle führte letztendlich auch dazu, das Verhältnis der Lebenswirklichkeiten untereinander zu betrachten, denn diese weisen, aufgrund ihrer unterschiedlichen Normen, Werte, Lebenseinstellungen oder Verhaltensweisen, ein großes Potenzial für gesellschaftliche Konflikte auf. Am Ende stellten sich diese <u>Milieukämpfe als ein interessantes Erklärungsmodell für gesellschaftliche Entwicklungen</u> und ebenso wichtig wie der Individualisierungsprozess heraus. Ja, der Milieukampf erscheint sogar als Triebfeder für Veränderungen.

In der Summe könnte es uns gelungen sein, ein mögliches Panorama gesellschaftlicher Entwicklungen des 21. Jahrhunderts zu zeichnen. Dabei bleibt immer zu beachten, dass stetige Wechselwirkungen beschrieben wurden, die sich gegenseitig dynamisieren und beeinflussen. Eine Einzelbetrachtung mag möglich sein, hätte aber einen begrenzten Wert.

Aus diesem Grund steht am Ende auch ein Gesamtbild einer Epoche und kein Stückwerk. Derartiges macht weitaus angreifbarer als das Bestehen auf einem starren Separatismus der Gedanken. Es provoziert, aber wenn es dadurch einen Nutzen aufweist, so soll uns das nicht weiter stören.

Was nun, nachdem noch einmal zusammengefasst wurde, was uns über viele Seiten beschäftigte? Wie wäre es damit, einen Blick in eine mögliche Zukunft zu wagen? Ja, warum nicht?

5.1. Der Blick in die Zukunft

„Wenn der Wandel an die Türe klopft, bleibt die Welt da draußen auch dann nicht gleich, wenn man die Tore geschlossen hält."

Stellen Sie sich vor, Sie wachen eines schönen Tages auf und wir schreiben das Jahr 2040. Eine Stimme begrüßt Sie und hat Ihnen bereits Kleidung aus dem vollautomatischen Kleiderschrank zusammengestellt.[173] Die Stimme gehört nicht Ihrem Partner, sondern einer künstlichen Intelligenz (kurz: KI).[174] Sie schnappen sich das Bündel und bewegen

---

[173] Im Moment ist eine derartige Verknüpfung noch nicht marktreif. Tatsächlich gibt es aber bereits automatisierte Stilberater oder den Versuch, Robotertechnik auch in diesem Bereich anzuwenden. Es ist davon auszugehen, dass in den nächsten Jahren Durchbrüche in einzelnen Bereichen erfolgen und diese dann Lösungen für fast alle Lebenssituationen nach sich ziehen werden.

[174] Der Umgang mit künstlicher Intelligenz ist inzwischen Alltag, wenngleich er auch so nicht wahrgenommen wird. Jeder Smartphone- oder Internetnutzer trifft immer wieder auf „entgegenkommende" Anwendungen, die versuchen, sich an den jeweiligen Bedürfnissen zu orientieren. Gelegentlich gelingt dies auf eine bessere Art und Weise, manchmal weniger gut. Die großen Technologiekonzerne arbeiten stetig

sich in Richtung Bad. Die Lichter aktivieren sich automatisch. Sie betreten die Dusche und müssen nichts mehr einstellen, da bereits alles reguliert ist. Temperatur, Duft, Intensität – wozu haben Sie ein Profil in der Cloud?

Nach dem morgendlichen Prozedere wandeln Sie auf dem perfekt eingestellten Wärmeboden in die Küche. Das Frühstück wurde bereits zusammengestellt und die KI, die das Haus zentral steuert, hat längst die Lebensmittel nachgeordert, die verbraucht wurden.[175] Anfangs hatten Sie beim Thema Ernährung Vorbehalte, denn die Maschine legte größten Wert auf Ihre Gesundheit, während Sie mehr den Genuss bevorzugten. Inzwischen haben Sie aber gute

---

an der dezentralen Weiterentwicklung, zu der letztendlich jeder Nutzer durch seine Interaktionen beiträgt. Man erinnere sich hier auch an die Kapitel 2 und 3.

[175] Auch diese Vorgänge sind technisch bereits anwendbar. Das „smarte" Heim lässt sich problemlos einrichten, bleibt allerdings noch zu sehr Stückwerk. Hier müssen sich definitiv noch einheitliche Normen durchsetzen. Nachorderfunktionen wären natürlich ein Traum für so manches Unternehmen, gelegentlich finden sich auch bereits heute solche Angebote.

Kompromisse gefunden und es gibt keinen Grund mehr zu klagen. Anpassungssache.

Die Lieferung bestellter Güter erfolgt auf die Minute genau per Drohne und Ihre digitale Assistenz fragt Sie, wann Sie diese annehmen können.[176] Sie können es nicht, also wird es die KI für Sie übernehmen.

Überhaupt Ihre KI! Sie haben ihr den Namen Ira gegeben. Nach Ihrer Großmutter und weil die dazugehörige App nach der Überprüfung Ihres Lebenslaufes das vorgeschlagen hat. War es demnach Ihre Idee oder die der Maschine, die lediglich Ihre Daten auswertete, die Sie ihr zur Verfügung stellten? Ja, oder? Die KI war doch nur schneller in der Ideenfindung, aber wären Sie nicht sowieso darauf gekommen? Überhaupt? Warum sollte man in Ira etwas Fremdes sehen? Ist sie nicht letztendlich eine Erweiterung des eigenen Selbst und der eigenen Möglichkeiten?

---

[176] Die Anwendungsfelder für Drohnen befinden sich im Moment im Testfeld. Das Hauptproblem ist weniger der technische Vorgang als das rechtliche Umfeld: Wer haftet für Schäden, die eine Drohne anrichtet? Wie verhält es sich mit dem Eingriff in den Luftverkehr? Wo und wie soll die Sendung rechtssicher abgegeben werden? Diese und andere Fragen hemmen die Technik noch.

Aber ist das überhaupt wichtig?[177] Ira ist ein guter und warmer Name und Sie verbinden damit nur Positives. So wie Sie Ihre Großmutter im Herzen tragen, so nahe ist Ihnen die KI-Ira und darüber hinaus mittlerweile zu einer unverzichtbaren Hilfe geworden.[178] Ja, vielleicht ist sie sogar Ihr

---

[177] Die Auswertung von Daten erfolgt heute stetig. Jede Interaktion mit der digitalen Welt hinterlässt ihren Abdruck und erzeugt Daten, die wiederum genutzt werden können, um eine Vorstellung von den Bedürfnissen und deren Befriedigung von Menschen zu generieren. Selbst wenn diese daher anonym wären, dienen sie dem besseren Verständnis und der Weiterentwicklung der Algorithmen. Hier sei erneut auf Kapitel 2 und 3 verwiesen.
Neben dieser klassischen Auswertung sei natürlich auch auf den Markt für Sprachassistenten verwiesen, die man durchaus als primitive Urväter der hier beschriebenen KI bezeichnen kann. Obwohl der Mensch, wie auch in unserem Beispiel, dazu neigt, die KI zu individualisieren, ist sie natürlich ein lernendes Netzwerk. Die Konzentration auf eine Person wird am Ende lediglich eine Illusion sein.

[178] Eine der zentralen Fragen der Zukunft wird es sein, Technik zu vermenschlichen und damit eine emotionale Nähe zu erreichen. An dieser Stelle sollte der Blick über das eigene Smartphone oder den Industrieroboter hinausgehen. Anwendungen im Service, in der Pflege oder für das Ausleben der Sexualität stellen, um nur einige Beispiele zu nennen, schlicht andere emotionale Anforderungen als in den erstgenannten Fällen.

einziger echter Freund, denn niemand kennt Sie besser als Ira. Mit welchem Menschen sollten Sie sonst so geistreiche Unterhaltungen führen? Diese Frage hätte vor zehn Jahren noch merkwürdig geklungen, denn damals kommunizierte man überwiegend noch mit Menschen und musste es nicht selten akzeptieren, dass man nicht nur über die eigenen Interessen sprechen konnte, sondern Zeit damit verlor, sich auch über Belanglosigkeiten, die gerade das Gegenüber bewegten, unterhalten zu müssen.

Ein Kompromiss, den man zweifellos noch immer eingehen kann, aber eben nur, wenn man es möchte. Für anspruchsvolle Konversation gibt es die Maschine. Für das Primitive den Menschen, und Sie sind in dieser Welt nun einmal ein Typ, der sich weniger für die Einfachheit begeistern kann.

So, wie es ist, gefällt es Ihnen! Sie sind der Mittelpunkt und rundherum dreht sich alles um Sie. Im Grunde genommen denken und handeln alle Personen, die Sie persönlich kennen, so, aber vielleicht liegt das daran, dass Sie einer hochmodernen Kaste angehören, welche die neue Zeit begrüßt und sie nicht fürchtet. Nicht ganz oben in der Einkommenspyramide, aber deutlich oberhalb der Mitte. Ihnen ist zwar bekannt, dass es Gruppen gibt, die sich auf eine andere Art und Weise positionieren, aber was haben Sie mit deren Lebenswirklichkeiten zu schaffen? Nichts! Nein, es ist nichts falsch daran, im Mittelpunkt zu stehen. Dafür braucht man heute nur das Standardprogramm.[179]

Doch die Gedanken schweifen ab. Sie tadeln sich selbst, weil Sie die KI so herausstellten, dabei wissen Sie, dass diese nur existierte, weil es Sie gab. Es ist eine Symbiose und keine Kontrolle oder Manipulation, wie man früher, als Sie noch jung waren, mutmaßte.

Jetzt aber wünschen Sie sich erst einmal Musik und die neuesten Nachrichten. Natürlich nur die, die Sie interessieren, aber da Ira Sie und Ihr Profil genau kennt, ist das auch kein Problem. Vielmehr ein Segen.[180] Dafür sprechen Sie einfach in den Raum und alles erschallt. Da Ihnen ein wenig

---

[179] Die große Frage nach der „Menschlichkeit" des Künstlichen wird kommen, aber sie wird im Alltag irgendwann keine Rolle mehr spielen. Diese Schlacht wird in der Empirie und am Markt entschieden, nicht in den Stuben der Philosophie. Das mag politisch nicht korrekt sein, erscheint aber unvermeidbar.

[180] Selektive Auswahl von Informationen nach Profil ist heute bereits Standard. Beobachten Sie doch selbst, welche Informationen oder Produkte Ihnen ein soziales Netzwerk

zu warm ist, befehlen Sie, die Temperatur herunterzuregeln.[181] Frühstück. Ira hat alles schon vorbereitet. Sie starren auf Ihre Tasse. Das Design gefällt Ihnen nicht mehr so. Sie sollten sich endlich mal wieder ein neues entwerfen. Wozu hat denn jeder Haushalt einen 3-D-Drucker?[182] Warum bemerkt die KI Ihre Unzufriedenheit eigentlich nicht und macht von selbst Vorschläge? Stimmt etwas mit dem Update nicht?

Sie bemerken aber dann, dass Sie sich auf den Weg zur Arbeit machen sollten. Ihr Leben finanziert sich leider nicht

---

oder eine Suchmaschine anbietet, wenn Sie einmal eine Präferenz offenbart haben. Die „Maschine" ist hier schon viel weiter, als es manches Milieu vermuten würde.

[181] Technischer, wenngleich auch noch nicht verbreiteter Standard. Natürlich nur, wenn man ihn sich leisten und einbauen möchte. Der Massenmarkt ist freilich noch nicht erschlossen. Gibt es allerdings erst einmal eine entsprechende Vernetzung und Normen, kann dies innerhalb eines halben Jahrzehnts geschehen.

[182] Die Frage, ob sich jemals die „private Produktionsstätte" durchsetzen wird, muss natürlich offenbleiben. Es bleibt eine interessante Vorstellung und es ist gut möglich, dass der Autor hier nur fantasiert.

von allein, aber warum sollten Sie sich beklagen? Sie gehören einer hochgebildeten Schicht an, die echte Verantwortung trägt, wobei das ein wenig zu relativieren ist, denn tatsächlich übernimmt die KI alle Entscheidungen. Sie unterzeichnen nur deswegen im Namen der Firma, weil es das Gesetz so vorschreibt.

Normalerweise arbeiten Sie von zu Hause aus, aber gerade heute findet das monatliche Meeting statt und irgendein Nostalgiker besteht auf persönlicher Anwesenheit. Manche leben eben noch in der Vergangenheit. Man hätte sich auch als 3-D-Projektion verabreden können, aber gelegentlich ist das altmodische Denken nicht herauszubringen.[183] Also müssen Sie sich doch auf den Weg machen. Ira wünscht Ihnen alles Gute.

---

[183] 3-D-Projektionen sind möglich, allerdings bisher oft auf den Bereich der Unterhaltungsindustrie begrenzt. Der technische Aufwand ist enorm. Ob die Kosten den Nutzen rechtfertigen, wird man sehen. Generell gab es auch schon immer Technologien, für die entweder die Zeit noch nicht reif war, oder die sich trotz ihres Potenzials nie durchgesetzt haben. Man denke hier nur an das kurze Hoch und den schnellen Niedergang von 3-D-Fernsehern für den Hausgebrauch.

Die Fahrt verläuft relativ stressfrei, denn das Auto fährt autonom und bietet ein umfassendes Unterhaltungsprogramm. Ja, ein mit Wasserstoff betriebenes Automobil, da die Firma das Lufttaxi nicht bezuschussen möchte. Überhaupt hat dieses autonome Fahren viele Taxifahrer den Job gekostet, aber Sie sind ja kein Taxifahrer, sondern arbeiten im Management. Es ist auch gar nicht Ihr Auto.[184] Es ist schlicht eines, das Sie über Ihre künstliche Intelligenz nur für den heutigen Tag geordert haben.[185] Ein chinesisches Modell, wie so vieles heute aus Asien kommt. Ach, was malte man vor 15 Jahren noch für Horrorszenarien an die metaphorische Wand bezüglich einer chinesischen Dominanz! Und heute? Man merkt doch gar nicht mehr, woher

---

[184] Autonomes Fahren dürfte in den nächsten Jahren zum Alltag werden. Alle großen Hersteller und mehrere Technologiekonzerne dürften innerhalb der nächsten zehn Jahre marktreife Fahrzeuge vorstellen.

[185] Car-Sharing-Modelle gibt es bereits. Die Kombination mit dem autonomen Fahren könnte, zumindest urban, bereits in naher Zukunft wirklich werden. Vielleicht wird ein derartiges Geschäftsmodell irgendwann sowohl den öffentlichen als auch den privaten Verkehr ersetzen. Es wird allerdings erst einmal ein städtisches Phänomen sein.

eine Ware kommt. Alles ist doch vollautomatisch. Und die Politik? Natürlich, man könnte noch elektronisch wählen, aber das machen Sie nicht mehr. Die wahre Demokratie findet Ihrer Meinung nach in Ihrer eigenen Welt statt. Hier geht es nur um Ihre Wünsche und Bedürfnisse! Dort wird Ihr Leben bestimmt und da haben Sie die absolute Mehrheit. Denken Sie zumindest. Auch das war ein gigantisches Thema! Damals diskutierte man eben über Dinge, die im heutigen Alltag keine Rolle mehr spielen.

Natürlich haben Sie Ira immer in Ihrem kleinen Allzweckgerät dabei, trotzdem fühlt es sich stets wie ein Abschied an, wenn Sie die Wohnung verlassen. Vermutlich nur eine fehlerhafte Verknüpfung im Gehirn, oder ist das nur menschlich?

Sie bezahlen das Fahrzeug noch während der Fahrt mit dem implantierten Chip unter Ihrer Haut und müssen kurz darüber lächeln, dass man in Ihrer Kindheit noch mit Bargeld werkelte. Was gab es für Bedenken! Und was passierte wirklich? Der Staat erreichte keine totale Kontrolle, sondern die Menschen flohen teilweise in virtuelle Währungen und nun lassen sich Geldströme nicht besser kontrollieren als in der Vergangenheit.[186] Auch Sie bevorzugen virtuelles Geld, denn überwacht wird man ja genug. Wobei das gar nicht wirklich stimmen soll. Lernt man schon in der virtuellen Schule und die Nachrichten bringen es auch. Außerdem? Ist der Preis etwa zu hoch für all die Annehmlichkeiten? Seien wir doch ehrlich, denken Sie, all das Gerede von Freiheit früher war doch inhaltsleerer Unsinn. Was ist denn Freiheit? Doch am Ende Selbstentfaltung und Bedürfniser-

---

[186] Eine Möglichkeit wäre hier die Blockchain-Technologie. Eine Blockchain ist eine Kette von digitalen Datenblöcken, die mit jedem Block weiter anwächst. Jeder Block enthält Transaktionen und die Kette wird dezentral gespeichert, das heißt, sie ist auf vielen Rechnern präsent und kann nicht manipuliert werden, da sie an vielen Orten zugleich existiert. Sie könnte beispielsweise für die Vertragsabwicklung genutzt werden oder eben auch für virtuelle Währungen. Letzteres geschieht bekanntlich bereits. Dass damit viele „Mittler", die für die Abwicklung dieser Transaktionen zuständig sind bzw. davon leben, überflüssig werden, versteht sich von selbst. Letztendlich handelt es sich um ein revolutionäres Konzept, das aber aufgrund seiner Komplexität nicht als ein solches wahrgenommen wird.

füllung! Hatten das die Menschen im Jahr 2022? Nein! Haben Sie es heute? Zumindest in einem größeren Maße als damals![187]

Sie bemerken ein Ziehen am Rücken. Ihre medizinischen Werte, die konstant überwacht werden, sind zwar in Ordnung, aber Ira soll heute Abend den KI-Online-Doktor kontaktieren. Wer fährt denn noch zum Arzt? Einige Rentner und Rückwärtsgewandte, die einem fehlerhaften Menschenverstand mehr trauen als der unbestechlichen Maschine.[188] Überhaupt bedauern Sie es, so spät geboren zu

---

[187] Die Diskussion bezüglich der Balance zwischen Überwachung und der Nutzung von Annehmlichkeiten ist natürlich eine aktuelle und wird auch aktuell bleiben. Es wird Milieus geben, die den Punkt als wenig kritisch betrachten, andere wiederum könnten lautstark protestieren. Die zentrale Frage wird die nach der Teilhabe sein: Führt Datenverweigerung zu einem schlechteren Leben?

[188] Virtuelle Arztbesuche mögen noch nicht üblich sein, aber sie sind möglich. Solche Angebote finden sich im Internet durchaus. Die Komplettbehandlung durch einen KI-Arzt ist dagegen noch im Testfeld. Verfahren mit Maschinen als Diagnostikern hatten, je nach Studien, unterschiedliche Ergebnisse.

sein. In Ihrer Jugend lebten Sie auf dem Dorf in einem traditionellen, ländlichen Milieu und es dauerte lange, sich davon zu lösen. Man musste sich und sein Umfeld nehmen, wie es war.

Die heutige Jugend wird bereits vom Tag der Geburt an genetisch optimiert, d. h., Fehler in den Erbanlagen werden gezielt gesucht und beseitigt. Das hat 95 % aller Krankheiten besiegt.[189] Leider ist das bei Ihnen altersbedingt nicht mehr möglich, allerdings dürften auch Sie, dank der modernen Biotechnologie, eine durchschnittliche Lebenserwartung von 120 Jahren haben, auch wenn in den letzten Jahren vielleicht einige Körperteile durch die handelsüblichen Bauteile ersetzt werden müssen.[190] Selbstverständlich spa-

---

[189] Die medizinischen Möglichkeiten dürften sich in dieser Hinsicht in den nächsten zehn Jahren erweitern, denn hier sind größte Durchbrüche zu erwarten.

[190] Implantate sind bereits seit Jahrzehnten Selbstverständlichkeit. Man denke nur an den Herzschrittmacher. Die Zukunft wird sie allerdings nicht zur Behebung eines Leidens nutzen, sondern als Optimierungsmöglichkeit betrachten. Ein kleiner, aber relevanter Unterschied, der die üblichen philosophischen Fragen aufrufen wird.

ren Sie darauf auch schon länger. Mit einer genetischen Optimierung wäre das nicht nötig. So sind Sie auf Implantate und Nanotechnologie angewiesen.[191] Das ist eben, wie schon betont, der Fluch der frühen Geburt. Aufgrund dieser Ungerechtigkeit könnte man verzweifeln, aber zum Glück werden heutzutage die körperlichen Werte von der KI überwacht.[192] Steigt das Stressniveau, so registriert das die gute Ira und gibt ein Signal an das Implantat im Kopf, das wiederum Impulse an das entsprechende Zentrum im Gehirn weitergibt und dieses stimuliert. Schon ist das Gemüt wieder erfreut. Eine segensreiche Technologie, die menschliche Schwäche ausmerzt, sich allerdings nur die

---

[191] Beispielsweise werden Nanoroboter einen bedeutenden Einfluss in der Medizin nehmen.

[192] Diese Überwachung wäre demnach der Preis für eine Verlängerung des Lebens.

Besserverdienenden leisten können.[193] Für den Rest gibt es aber doch auch die billige Biochemie.[194]

Da ist auch schon das Gebäude. Sie steigen aus und das autonome Fahrzeug fährt zu seinem nächsten Termin. Sorgen machen Sie sich keine, denn Sie wissen, dass irgendein ähnliches Automobil Sie auch wieder abholen wird. Einen

---

[193] Derartige Verfahren werden auch heute schon mit Erfolg eingesetzt. Beispielsweise bei Depressionen. Hier wendet man die sogenannte „tiefe Hirnstimulation" inzwischen erfolgreich an, nachdem eine frühe Studie wegen mangelnden Erfolgs abgebrochen wurde. Inzwischen konnte aber belegt werden, dass der Erfolg nur langfristig messbar ist. Was man allerdings zur Behebung von Defiziten nutzen kann, wird sich sehr sicher irgendwann auch zur Optimierung nutzen lassen.

[194] Die Frage, ob Biochemie, genetische Eingriffe und Implantate nebeneinander existieren werden oder ob sie konkurrierende Verfahren sein können, lässt sich heute noch nicht beantworten. Die hier vorgestellte „Mehr-Klassen-Optimierung" ist natürlich nur eine denkbare Variante. Unabhängig davon wird die Optimierung des Menschen eines der Geschäftsfelder der Zukunft sein. Im Moment dominieren bei den drei genannten Elementen aber natürlich „Mensch-Maschinen-Schnittstellen" wie beispielsweise das Smartphone, Herzschrittmacher oder Ähnliches. Das muss allerdings nicht so bleiben.

kurzen Moment überprüfen Sie, ob die Lieferung der Lebensmittel schon erfolgt ist. Ihre KI meldet Ihnen Vollzug und Sie ordern bereits das Abendessen. Wer hat eigentlich damals behauptet, dass Maschinen nicht selbstständig kochen können?[195] Wie primitiv die Menschheit doch mal war!

Bis auf wenige Ausnahmen ist das Verwaltungsgebäude vollautomatisiert. Alles wird von einer künstlichen Intelligenz geregelt. Einzig am Empfang hat man sich entschieden, die KI in einen menschenähnlichen Roboter zu verstecken, um den Besuchern ein gutes Gefühl zu vermitteln. Was waren das doch damals für lächerliche Diskussionen darüber, ob eine KI ein menschliches Aussehen benötigt! Sie waren intensiv, wenn auch nicht so intensiv, wie die

---

[195] Im Jahre 2020 sicher niemand, denn Kochroboter mögen sich noch nicht verbreitet haben, aber sie sind auch keine Fiktion mehr. Generell wird Robotik große Fortschritte machen und dieser Hinweis bezieht sich nicht nur auf Produktionsanlagen. Auch Aufgaben, die heute noch von Kellnern oder Verkäufern erledigt werden, könnten morgen auf Maschinen erledigt werden. Nicht immer muss der Mensch dabei seinen Arbeitsplatz verlieren. Es sind Kombinationen von Arbeitsteilung denkbar. Ein interessantes Beispiel wären hier Pflegeroboter.

über genetische Eingriffe oder die Nutzung von speziellen Medikamenten zur Steigerung der menschlichen Leistungsfähigkeit. Wie gut, dass man Nachrichten, die einem lächerlich erscheinen, heute ignorieren kann, während man früher doch irgendwie damit belästigt wurde.

Gleich geht es los mit der Arbeit und daher erhalten Sie noch eine kurze Gehirnstimulation. Wie soll man denn sonst wirklich seine optimale Leistung erbringen, wenn nicht durch einen Impuls durch das Implantat? Biochemie ist doch nur etwas für den Pöbel! Wie der überhaupt lebt? Sie bekommen eigentlich vom Leben der anderen kaum etwas mit. Kontakte stellt die KI her und die achtet darauf, dass alles passt. Und seien wir ehrlich! Die Vorstellung von Milieus und unterschiedlichen Lebensweisen ist am Ende nur eine ferne Erinnerung, die noch immer präsent ist, weil Sie noch in eine andere Zeit hineingeboren wurden. Zumindest haben Sie schon lange nichts mehr von irgendwelchen Unruhen gehört. Wer weiß, vielleicht leben inzwischen alle gleich? Gibt es die ganzen Armen noch? Nein, bestimmt nicht. Egal, letztendlich interessiert es Sie auch nicht, denn Sie leben in Ihrer eigenen Welt.

Aber zurück zum Arbeitstag. Das Meeting dauert 3 Stunden und besteht zum größten Teil daraus, zu versuchen, die Ideen und Berechnungen der KI für den Geschäftserfolg nachzuvollziehen. Diese ist so fortgeschritten und lernwillig, dass der Mensch bestenfalls noch für Verwaltung und Überwachung gebraucht wird. Doch selbst das ist im Grunde genommen eine Illusion.[196] Gut, für eine Sache braucht man Sie, wie bereits angedeutet, doch: für die Haftung. Gott, gab es in der Vergangenheit viele rechtliche Probleme zu klären, und das in einer Zeit, in der nicht jede Information in jedem Moment zur Verfügung stand. Wie gut, dass das Wissen heute praktisch aus dem Gehirn „ausgelagert" werden kann. Eine Symbiose aus dem Menschen und der Maschine, die allerdings noch lange nicht perfekt ist, denn warum sollte in Zukunft das menschliche Gehirn nicht direkt an die Netzwerke gekoppelt werden? Vielleicht ist es in ein paar Jahren so weit?[197]

---

[196] Die alte Furcht, ob die Maschine irgendwann den Menschen überflüssig macht, können wir auch hier nicht nehmen, sondern lediglich thematisieren.

[197] Eine Situation, die bereits Wirklichkeit ist, denn für viele Menschen ist die virtuelle Welt als Nachschlagewerk

Einen kurzen Moment denken Sie dann doch an die Welt, wie sie in Ihrer Jugend noch war, zurück. Damals, als so viele Arbeiten noch von Menschen ausgeführt wurden. Was war das nicht für eine Katastrophe, als in wenigen Jahren 30 % der Arbeitsplätze in den Produktionsbetrieben wegfielen![198] Und erst die Dienstleistungen! Was z. B. unzuverlässige Lieferdienste konnten, können Drohnen besser und zuverlässiger. Es dauerte zwar Jahre, bis bestimmte Technologien etabliert waren, aber heute sind sie es. Schöne neue Welt! Zum Glück sind Sie hochgebildet und müssen sich über wegrationalisierte Arbeitsplätze keine

---

unverzichtbar. Die „Auslagerung" von Wissen ist bereits Tatsache. Ökonomisch würde man dies wohl als eine Form der Arbeitsteilung betrachten können, auch wenn das zu produzierende Gut nicht klar erkennbar scheint.

[198] Da wir noch in der Vergangenheit leben, kann an dieser Stelle nur auf die vielen Studien verwiesen werden, die von einem Arbeitsplatzverlust zwischen 20 % und 35 % aufgrund der Digitalisierungswelle ausgehen. In welchem Ausmaß wieder neue Arbeitsplätze geschaffen werden, können wir heute noch nicht sagen. Generell wird der Zeitenwandel die Arbeitswelt nachhaltig verändern. Wer einen historischen Vergleich sucht, der vergleiche die Welt vor der industriellen Revolution mit der danach.

Gedanken machen. Oder doch irgendwann? Das Meeting ist vorbei.

Ein Fahrzeug fährt Sie sicher nach Hause. Dort hat Ira bereits alles vorbereitet: Abendessen, Musik zur Entspannung und schon läuft auch Ihr individuelles Lieblingsprogramm. Ach, die gute Suse tut eben alles, um Ihnen das bestmögliche Erlebnis zu bieten.[199] In den Nachrichten haben Sie erfahren, dass es eine neue Technologie geben wird, welche die Unterhaltung direkt ins Gehirn bringt. Ein Implantat, das dafür sorgt, dass man auf einmal im Mittelalter ist oder wo auch immer. Virtuelle Welten direkt im Kopf. Klingt interessant, ist aber so neu, dass es viel zu teuer für Sie ist. Wieder einmal etwas für die absolute Elite. Zu der gehören Sie nicht und das mögen Sie nicht, denn es passt überhaupt nicht zu Ihrem Leben als strahlender Fixstern im eigenen Universum. Egal, es geht zurück.

---

[199] Hierbei handelt es sich schlicht um die Optimierung von Algorithmen, die bereits heute tagtäglich ihre Anwendung finden. Jede Suchmaschine, jedes soziale Netzwerk, selbst der größte Teil der Verkaufsseiten versuchen, Ihre Wünsche und Bedürfnisse zu erkennen und sie zu bedienen.

Draußen sieht man immer weniger Menschen und mit denen hatten Sie es auch früher nie so. Man braucht sie in der neuen Welt auch nicht unbedingt. Ob es die ganzen Veranstaltungen oder Feste noch gibt, die Sie früher schon nicht besuchten? Sie vermissen nichts und das Argument, dass virtueller Urlaub weniger wert wäre als echter, können Sie nicht nachvollziehen. Kommt es am Ende nicht nur auf das Gefühl an? Auf das innere Erleben, das lediglich durch das Äußere angeregt wird? Und spielt es eine Rolle, ob das durch eine Simulation angereizt wird? Ist es nicht nur wichtig, dass alles „echt" ist? Und überhaupt! Wirklichkeit? Was ist denn wirklich? Was ist Realität? Eine wichtige philosophische Frage, über die Sie mit Ira diskutieren sollten.[200] Wie immer werden Sie später mit Ihrer Ansicht am Ende recht behalten.

Sie unterhalten sich mit der KI aber erst einmal über Kunst, weil Sie auch nach Jahrzehnten immer noch der Meinung sind, bei einem derartigen Thema überlegen zu sein, doch

---

[200] Eine weitere wichtige Frage, die Diskussionen aufwerfen wird. Zumindest in der Periode der Implementierung. Nach derselbigen eher nicht mehr. Je selbstverständlicher eine Sache wird, umso weniger interessiert die Tiefe.

leider hat der Algorithmus dazugelernt und so etwas wie Geschmack entwickelt. Natürlich ist er aber klug genug, die Illusion der menschlichen Brillanz aufrechtzuerhalten. Das wissen Sie, aber Sie wollen daran nicht denken. Einen Partner haben Sie im Moment nicht. Ob die KI Ihnen ein Date für das Wochenende raussuchen soll? Immerhin kennt diese Ihre Vorlieben so gut, dass bisher jede Verabredung ein Volltreffer war. Zudem ist sie beim genetischen Abgleich sehr schnell. Nein, heute nicht. Wann war eigentlich das letzte? Vor einigen Jahren? Menschen sind einfach so fordernd! Dabei hat die moderne Technik viel Druck von der Partnersuche genommen. Die Profile der KI sind perfekt und passen fast immer. Außerdem hat man viel mehr Zeit, um den richtigen Partner zu suchen, seitdem die biologischen Einschränkungen beseitigt wurden und Kinder auch außerhalb des Körpers herangezüchtet werden können. Wie viele Geburten wohl noch natürlich sind?[201] Egal, Kinder sind für Sie kein Thema, denn das fordert von Ihnen eine Aufmerksamkeit, die Sie nicht zu geben bereit

---

[201] Bei diesem Punkt handelt es sich heute noch um Fiktion. Die Realisierung wird allerdings weniger an der Technologie als am moralischen und rechtlichen Rahmen scheitern. Erst einmal.

sind. Zudem müssten Sie sich dann das Upgrade für Kinderbetreuung anschaffen und das soll nicht gerade günstig sein. Nein, lieber noch warten und das eigene Leben genießen. Außerdem? Ist nicht Ira Ihr eigentlicher Partner und viel besser als ein Mensch? Und wozu überhaupt Kinder haben? Was ist überhaupt ein Mensch? Wie einfach man es sich früher gemacht hat!

Der Blick in die Zukunft war zweifellos ein selektiver, denn er war der eines fiktiven Individuums mit speziellen und ureigenen Interessen, Werten oder Vorlieben. Es ist in großen Teilen eingebettet und die Bindung an das soziale Milieu hat sich, wenn auch noch nicht ganz, mutmaßlich gelöst oder aber die Lebenswirklichkeit ist so gänzlich verschieden von den heutigen, dass sie für uns nicht zu erkennen war. Wahrlich, aber wirklich eine unmögliche in einer Zukunft des kollektiven Individualismus? Doch, werte Leser, entscheiden Sie das doch selbst. Denken Sie darüber nach. Diese kleine Erzählung soll gar nicht weiter kommentiert werden, denn mit diesen Worten wollen wir stattdessen unsere Reise in eine vielleicht gar nicht so ferne Zeit ausklingen lassen und in die Gegenwart zurückkehren.

5.2. Die Herausforderungen der Gegenwart

„Was ich wahrnehme, wird Wirklichkeit."

Das 21. Jahrhundert ist das Zeitalter des kollektiven Individualismus. Das lässt sich nicht oft genug wiederholen. Dieser Begriff mag manchem Leser vor der Lektüre dieser Monografie unbekannt gewesen sein, allerdings gab es in der Geschichte der Menschheit zahlreiche Wendepunkte und Eintritte in neue Epochen, die zu Beginn völlig unbemerkt blieben. Oft waren die Übergänge dabei schleichend, wurden nicht als solche wahrgenommen, und erst die Nachbetrachtung benannte die Ära.

Nach der Lektüre dieses Buches sollte die Bezeichnung verständlich sein, denn dieser kollektive Individualismus ist letztendlich das Produkt der beschriebenen gesellschaftlichen, wirtschaftlichen, politischen und technologischen Weiterentwicklung. Jene erfolgte nicht als ein kontinuierlicher und geradliniger Prozess, sondern sprunghaft. Der Vorgang kann, auch hier wollen wir uns abschließend erinnern lassen, unter dem Begriff des Zeitenwandels zusammengefasst werden:

Unter einem solchen versteht man einen zeitlichen Abschnitt, in dem sich dessen einzelne Elemente[202] auf eine solche Art und Weise dynamisch gegenseitig beeinflussen, dass diese eine Neuordnung der bisherigen (globalen) Machtverhältnisse bewirken können.

Eine Kraft, die massiven Einfluss ausübt: zum einen auf die gesellschaftlichen Strukturen und damit indirekt auf den

---

[202] Zur Erinnerung:
- Umgang mit dem technologischen Fortschritt (z. B. Digitalisierung, Verhaltenskapitalismus, Homo stimulus, Biotechnologie, KI, Optimierung des Menschen),
- Aufstieg neuer Konkurrenten auf den Weltmärkten (z. B. asiatische Staaten),
- Schwäche der westlichen Welt (z. B. durch Instabilität, schwindendes Vertrauen in bestehende Ordnungen, Verlust von Wettbewerbsfähigkeit oder durch den politischen Aufstieg Chinas),
- Veränderung der Umweltbedingungen (z. B. durch Klimawandel, Pandemien, Ressourcenausbeutung oder Umweltzerstörung),
- Fehlen von Perspektiven bei einem Teil der Menschheit (z. B. durch Überbevölkerung oder unbefriedigte Grund- und Sicherheitsbedürfnisse).

Einzelnen, zum anderen direkt auf das Individuum. Milieuerosion, Verhaltenskapitalismus, Homo stimulus, moderne Reizgesellschaft, Milieukampf, Milieukonflikt – diese Monografie hat davon berichtet. Ebenso von der Identifikationsdissonanz, in die der Einzelne hineingetrieben werden könnte.

Das führt am Ende dazu, dass der kollektive Individualismus lange Zeit noch ein unvollständiger bleiben wird, und das macht das Verständnis desselbigen zweifellos nicht einfacher. Ihn nicht zu kennen oder gar zu ignorieren erschwert das Verstehen einer neuen Zeit dagegen um ein Vielfaches.

Ja, es ist undurchsichtig. Ja, es erfordert Mühe und Aufwand, die gesellschaftlichen Strukturen des 21. Jahrhunderts zu durchschauen. Ja, die Welt wandelt sich in rasender Geschwindigkeit. Gleich, ob auf dem gesellschaftlichen, politischen, wirtschaftlichen oder technologischen Feld: Die Umwälzungen, die das Zeitalter des kollektiven Individualismus eingeleitet hat, sind so gewaltig, dass es schwierig bis unmöglich erscheint, sie noch ausreichend erklären zu können. Zu komplex, zu dynamisch und zu schnell. Eine Aufgabe so groß, dass Entmutigung die Folge sein könnte?

Das mag sein, aber trotzdem hat sich diese Monografie, wenngleich primär auf dem gesellschaftlichen Terrain, daran versucht und dabei eine Vielzahl von Theorien, Ideen und Modellen zusammengefasst, die in ihren Teilen und in ihrer Gesamtheit ein Bild der Wirklichkeit zeichnen, das zum Verständnis eines neuen Zeitalters beitragen kann.

Jeder dieser Gedanken lässt sich dabei einzeln betrachten, in seine Bestandteile zerlegen, wieder neu zusammensetzen und kann für sich Impulse des Denkens generieren. Ein Separatismus wäre daher zweifelsfrei möglich. Jedoch erscheint es sinnvoller, diese Monografie und all ihre Schwerpunkte als ein Panorama des 21. Jahrhunderts zu betrachten – vielleicht nicht als ein vollständiges, aber als ein ausreichend schlüssiges, um darauf aufbauen zu können. Der etwas andere Blickwinkel. Eine Diskussionsgrundlage.

Und sind Debatten, selbst jene, die am Ende alles verwerfen, nicht notwendig? Ist es nicht unabdingbar, die Gegenwart zu verstehen, um die Zukunft gestalten zu können? Ja, das ist es, denn die dynamischen Veränderungen und all ihre Auswirkungen betreffen die Menschheit an sich. Niemand wird sich dem auf Dauer entziehen können. Zeitenwandel, Verhaltenskapitalismus, Homo stimulus, Milieukämpfe und noch vieles mehr – all das sind, selbst wenn man den Theorien im Detail nicht zustimmen mag, keine akademischen Konstrukte oder Spielereien, sondern reale Phänomene, die den Alltag der Massen tangieren und gestaltend wirken. Offene Fragen, die nach Antworten suchen. Nein, es handelt sich nicht um Gedankenspielereien, und vielleicht ist genau dieser Punkt am schwierigsten zu erkennen: Es geht nicht um Begriffe und Modelle. Auf dem Spieltisch liegen Karten wie Freiheit, Demokratie, Glück, Wohlstand, Kausalität, die künftige Weltordnung, das Leben des Einzelnen – schlicht jede. Entweder es gelingt, diese Welt zu durchschauen und ihre Mechanismen zu verstehen, oder aber wir verlieren mit jedem Tag mehr Gestaltungsmöglichkeiten. Das Schicksal wartet ebenso wenig wie die Geschichte. Alles schreitet stetig voran. Um die Kontrolle aber behalten zu können oder, man muss es in manchen Bereichen einräumen,[203] wiederzugewinnen, ist es unabdingbar, zuerst die Realität abzubilden und sie zu begreifen, denn wie soll etwas zum Positiven gewendet werden, wenn es unverstanden bleibt?

Oder ist der Wunsch, die Realität verstehen zu wollen, ein überflüssiger? Denken wir zurück an unseren Blick in die Zukunft.[204] Das dort beschriebene Individuum vertritt am Ende eine derartige Position und scheint dennoch ein erfülltes Leben zu führen. Den unsichtbaren Rahmen des kollektiven Individualismus sieht er nicht. Er möchte ihn auch nicht wahrnehmen. Ist der Wunsch nach Aufklärung daher ein unnötiger?

In der antiken Welt[205] erzählte man sich die Geschichte eines Günstlings des Tyrannen Dionysios von Syrakus[206].

---

[203] Man denke hier nur an das Thema Verhaltenskapitalismus und die Macht derer, welche die Daten in den Händen halten.

[204] Vgl. Kapitel 5.1.

[205] Sie findet unter anderem bei Cicero, Horaz und Timaios von Tauromenion Erwähnung.

[206] Ob es sich nun um den ersten (430 bis 367 v. Chr.) oder den zweiten Dionysios (396 bis 337 v. Chr.) handelte, lassen die

Damokles wurde er genannt und er war mit seinem Leben schlicht nicht zufrieden, da es ihm aus seiner Sicht an Reichtum und Macht fehlte. Nun hatte der gute Mann keine Neigung zur Usurpation, dafür aber zum Jammern und Klagen. Seine Seelennot artikulierte Damokles daher immer wieder deutlich gegenüber Syrakus. Dieser, vermutlich genervt vom Auftreten des Höflings, beschloss, ihm eine Lektion zu erteilen. Er lud den unzufriedenen Neider zu einem prächtigen Festmahl ein und ließ ihn an der königlichen Tafel Platz nehmen. Nun war der Günstling ein König, wurde bedient und hätte all den Luxus genießen können, wenn nicht über Damokles' Platz ein beeindruckendes Schwert gehangen hätte, das lediglich vom Haar eines Pferdes gehalten wurde. Das führte natürlich zu einem erheblichen Unbehagen bei Damokles, da ein Reißen sein Leben hätte beenden können. Da saß er nun! Er hatte alles, was er sich erträumte, konnte es aber nicht genießen, denn er hatte die Privilegien im Kopf nur mit Vorteilen verbunden. Besonders nervenstark schien Damokles zudem auch nicht zu sein und so bat er den

---

Quellen offen. Cicero schreibt sie dem Vater zu, Timaios dem Sohn und Nachfolger.

Tyrannen am Ende, wieder in sein altes Leben zurückkehren zu können, was dieser auch gewährte. Macht und Reichtum hatten ihren Preis und hingen an einem seidenen Faden. Der Höfling wollte diesen aber nicht zahlen. Unser fiktiver Charakter aus der Zukunft würde dagegen für eine komplette Einbettung alles geben. Wie vermutlich ganze Milieus schon heute. Sich an dieser Stelle etwas vorzumachen wäre naiv. Bedürfnisbefriedigung ist ein Ideal. Freiheit nur begrenzt, im Besonderen wenn die Kerkermauern oder der Rahmen unsichtbar bleiben.

Und was ist mit Ihnen, liebe Leser? Es ist zu vermuten, dass ein Individuum, das ein solches Buch bis zu dieser Stelle liest, den Wunsch nach Erklärung und Erläuterung in sich trägt, oder nicht?

Und kann man nicht letztendlich alles haben: Einbettung, soweit man es wünscht, Mitbestimmung, wenn das Herz danach begehrt, und Kontrolle, wie es beliebt?

Nein, es muss nicht zwischen Bedürfnisbefriedigung und Kontrolle gewählt, sondern ein Fundament des Verstehens geschaffen werden, um auf dessen Basis handeln zu können.

Daher ist jede zu einer Diskussion beitragende Theorie, jedes Modell und jeder Erklärungsmechanismus – auch in etwaigen Irrtümern – wertvoll. Am Ende müssen wir die Wirklichkeit begreifen, um sie gestalten zu können und nicht von ihr gestaltet zu werden. Beginnen wir damit.

5.3. Am Ende?

„Schweigen aus temporärem Eigennutz erweist sich am Ende regelmäßig als Zukunftssuizid."

Die Welt verändert sich in rasender Geschwindigkeit und wirkt dabei für viele so komplex und undurchschaubar wie noch nie zuvor in der Geschichte. Alles dreht sich, ist aus den Fugen geraten. Die gespaltene Gesellschaft? Vertrauensverluste? Zweifel an der globalisierten Welt? Wie ist diese Skepsis, wie sind diese Konflikte entstanden? Wie lassen sich die gravierenden gesellschaftlichen, wirtschaftlichen und politischen Veränderungen erklären, die das Bestehende infrage stellen und möglicherweise in Teilen bereits obsolet gemacht haben? Was ist nur geschehen? Gestern war doch alles noch überschaubar und geordnet. Alles geht so schnell, dass kaum Zeit bleibt, die Entwicklungen ausreichend zu verifizieren, zu ordnen und darzustellen. Doch reichen alte Modelle und Ideen der Sozial-, Wirtschafts- und Politikwissenschaften überhaupt noch aus, um die Realität des 21. Jahrhunderts abzubilden? Müssten sie nicht weiterentwickelt werden? Vielleicht erweist sich der Beobachtungsgegenstand als weitaus weniger komplex, wenn die Betrachtungsmethoden besser auf sie abgestimmt werden? Das waren die Worte, mit denen diese Monografie eingeleitet wurde.

Das Buch und sein Autor haben sich in der gebotenen Kürze darum bemüht, besagte Fragestellungen zu beantworten und die Wirklichkeit aus einer anderen, vielleicht neuen Sicht zu betrachten. Keine absolute, sondern eine offene, die auf Ergänzung und Kritik wartet.

Die Welt wurde dadurch nicht einfacher, denn Gegenwart und Zukunft bleiben kompliziert. Wer demnach auf ein simplifiziertes Weltbild gehofft hatte, mag nun Enttäuschung verspüren, aber vielleicht haben diese Zeilen dennoch dazu beigetragen, das Komplexe in die Sichtbarkeit zu rücken. Es war der Versuch, dem Schwierigen und scheinbar Übermächtigen eine Form zu verleihen. Ob er gelungen ist, muss am Ende der Leser entscheiden.

Das vorliegende Werk handelte letztendlich davon, die (gesellschaftliche) Gegenwart zu verstehen bzw. entsprechende Diskussionsgrundlagen zu liefern, um daraus später Handlungsoptionen für die Zukunft ableiten zu können, denn so wie eine komplexe Zeit verstanden werden kann, so kann sie auch, im Sinne und zum Wohle der Menschheit, gemeistert werden. Furcht ist nicht notwendig. Respekt, Kenntnisnahme sowie Handlung durchaus. Mit dem Wertekapitalismus wurde vonseiten des Autors dieser Zeilen zudem ein Modell vorgeschlagen, das dieses zweifellos idealistische Ziel einer besseren Welt erreichbar machen könnte.[207]

Doch das soll an dieser Stelle nicht mehr Thema sein, denn Lösungen setzen ein Begreifen voraus. Konnte dazu beigetragen werden, so hat die vorliegende Monografie ihren Zweck erfüllt.

Im Extremen oder im Absoluten wurde dabei nie gedacht, denn es gibt so viel Raum für ein Dazwischen. Dort findet sich die Gesellschaft, in der wir leben werden. Diese Zeilen haben versucht, ein möglichst umfangreiches Bild zu zeichnen. Das kann zum Einspruch reizen – zur Debatte. Es sollte. Es muss.

---

[207] Der Wertekapitalismus [die Wertemarktwirtschaft] ist eine Wirtschaftsordnung, in der Werte zu einem Produktionsfaktor werden.

Doch worum ging es letztlich? Um eine unverstandene neue Zeit und den Versuch, sich dieser anzunähern – mit neuen Gedanken. Sie liegen nun vor und können diskutiert werden. Sind wir daher am Ende? Nein, erst am Anfang.

Weiterführende Literatur:

- Herteux, Andreas – **Wertekapitalismus: Wie die Folgen der Corona-Krise beherrschbar werden und der Aufbau einer krisensicheren Weltordnung gelingen kann.** DOI 10.5281/zenodo.3743014.

- Herteux, Andreas – **Fluchtursachen mit Hilfe des Wertekapitalismus bekämpfen – Das Modell der Alternativen Hegemonie (AH-Modell) in der praktischen Anwendung.** DOI 10.5281/zenodo.3626218.

- Herteux, Andreas – **Das Alternative Hegemonie Modell (AH-Modell): Die unsichtbare Hand der Erziehung zum Guten.** Erich von Werner Verlag, 25.11.2018, ISBN-13: 978-3981900644, DOI 10.5281/zenodo.1894403.

Glossar

Dieses Glossar fasst die zentralen Begriffe der vorliegenden Monografie noch einmal zusammen. Gleichzeitig nimmt es Definitionen auf, die für das vorliegende Werk nur eine begrenzte Relevanz haben, für die weitere Diskussion und Vertiefung, im Sinne einer Gesamtschau gesellschaftlicher Entwicklungen, aber eine wichtige Rolle spielen können.

- *Homo stimulus*

  Unter einem Homo stimulus versteht man eine derartig konditionierte Person, die an eine permanente Konfrontation mit hochfrequentierten, kurzen sowie künstlichen Reizen gewöhnt ist und sich ihnen kaum oder nur teilweise entziehen kann oder will. Im Gegenteil werden bestimmte Reize oft selbst eingefordert oder ein entsprechender Reizdialog angestoßen.

- *Identifikationsdissonanz*

  Die Theorie der modernen Identifikationsdissonanz, die voraussetzt, dass die Erosion der Lebenswirklichkeiten sich dynamisiert hat und die Möglichkeiten der Selbstentfaltung sich potenziert haben, besagt, dass es zunehmend Konflikte des Einzelnen bezüglich der eigenen Rolle als Teil eines Milieus und des persönlichen Individualisierungs- und Einbettungsprozesses geben kann und diese langfristig Einfluss auf die gesellschaftlichen Entwicklungen und Strukturen nehmen werden.

- **_Kollektiver Individualismus_**

  Unter einem kollektiven Individualismus wird ein Individualismus verstanden, bei dem das Individuum so eingebettet wird, dass die individuelle Selbstentfaltung innerhalb eines nicht oder kaum sichtbaren Rahmens stattfinden kann. Der kollektive Individualismus ist zugleich die Bezeichnung einer Zeitperiode. Grundsätzlich sind zwei Varianten zu unterscheiden:

  o Vollständiger kollektiver Individualismus

     Der vollständige kollektive Individualismus ist das Produkt eines totalen Individualisierungsprozesses, der nicht mehr durch Milieukämpfe sowie weitere Einschränkungen gehemmt wird. Er ist die Reinform bzw. das Ideal des kollektiven Individualismus und dürfte im 21. Jahrhundert nicht mehr erreicht werden.

  o Unvollständiger kollektiver Individualismus

     Der unvollständige kollektive Individualismus ist ein kollektiver Individualismus, bei dem der Individualisierungs- und Einbettungsprozess gehemmt oder verlangsamt wird bzw. nicht vollständig abgeschlossen werden kann. Typische Faktoren dieser Hemmung wären z. B. Milieukämpfe oder die Identifikationsdissonanz. Es handelt sich daher um eine aktuelle Realitätsform. Der kollektive Individualismus des 21. Jahrhunderts wird ein unvollständiger sein.

- *Milieukampf*

  Milieukampf bedeutet, dass sich zwischen den Lebenswirklichkeiten (Milieus) einer Gesellschaft (oder mehrerer Gesellschaften) Konflikte ergeben, die aktiv oder passiv ausgetragen werden.

- *Milieukonflikt*

  Dem Milieukampf gehen stets Milieukonflikte voraus.

  Milieukonflikte sind Konflikte, die dann begründet werden, wenn die Bedürfnisse der Milieubildenden teilweise oder gänzlich unerfüllt bleiben bzw. das Selbstverständnis der Lebenswirklichkeit attackiert wird.

- *Moderne Reizgesellschaft*

  Unter einer modernen Reizgesellschaft versteht man einen Zusammenschluss von Individuen, der in starker Frequenz beeinflussenden, in der Regel künstlich erzeugten Reizen

ausgesetzt ist und sich diesen nur schwer oder nicht entziehen kann bzw. das zum Teil auch nicht möchte.

- ***Verhaltenskapitalismus***

    Unter Verhaltenskapitalismus versteht man eine Spielart des
    Kapitalismus, in der menschliches Verhalten zum zentralen
    Faktor für die Produktion und Bereitstellung von Gütern
    und Dienstleistungen wird.

- ***Wertekapitalismus***

    Der Wertekapitalismus [die Wertemarktwirtschaft] ist eine
    Wirtschaftsordnung, in der Werte zu einem Produktionsfak-
    tor werden.

- ***Zeitenwandel***

    Unter einem Zeitenwandel versteht man einen zeitlichen
    Abschnitt, in dem sich dessen einzelne Elemente auf eine
    solche Art und Weise dynamisch gegenseitig beeinflussen,
    dass diese eine Neuordnung der bisherigen (globalen)
    Machtverhältnisse bewirken können.

    Diese Elemente sind:

    1.) Umgang mit dem technologischen Fortschritt
        (z. B. Digitalisierung, Verhaltenskapitalismus,

Homo stimulus, Biotechnologie, KI, Optimierung des Menschen),

2.) Aufstieg neuer Konkurrenten auf den Weltmärkten (z. B. asiatische Staaten),

3.) Schwäche der westlichen Welt (z. B. durch Instabilität, schwindendes Vertrauen in bestehende Ordnungen, Verlust von Wettbewerbsfähigkeit oder durch den politischen Aufstieg Chinas),

4.) Veränderung der Umweltbedingungen (z. B. durch Klimawandel, Pandemien, Ressourcenausbeutung oder Umweltzerstörung),

5.) Fehlen von Perspektiven bei einem Teil der Menschheit (z. B. durch Überbevölkerung oder unbefriedigte Grund- und Sicherheitsbedürfnisse).

Verlag

Erich von Werner Verlag

Birkenfelder Straße 3

D-97842 Karbach

Homepage:

https://www.erichvonwerner-verlag.de/

E-Mail:

Info@erichvonwernerverlag.de

Mitherausgeber

Erich von Werner Gesell-schaft

Birkenfelder Straße 3

D-97842 Karbach

Homepage:

https://www.understandand-change.com

E-Mail:

erichvonwernersociety@understandandchange.com

Über den Autor

Andreas Herteux

Andreas Herteux ist ein deutscher Wirtschaftswissenschaftler, Sozialforscher, Philosoph, Publizist, Schriftsteller und Gründer der Erich von Werner Gesellschaft. Seine Bücher wurden in zehn Sprachen übersetzt.

Werke (Auszug):

- Grundlagen der Weltenphilosophie. Franzius Verlag, 20.07.2015, ISBN-13: 978-3945509029.

- Homo stimulus: Grundlagen menschlicher Anpassung und Weiterentwicklung im Zeitalter des kollektiven Individualismus. Erich von Werner Verlag, 12.02.2020, ISBN-13: 978-3948621124, DOI 10.5281/zenodo.3666616.

- Identitätsorientierte Führung einer politischen Marke: In der Theorie und am praktischen Beispiel der Freien Demokratischen Partei (FDP). AV Akademikerverlag, 16.11.2013, ISBN-13: 978-3639490480.

- Das Alternative Hegemonie Modell (AH-Modell): Die unsichtbare Hand der Erziehung zum Guten. Erich von Werner Verlag, 25.11.2018, ISBN-13: 978-3981900644, DOI 10.5281/zenodo.1894403.

- Erste Grundlagen des Verhaltenskapitalismus: Bestandsaufnahme einer neuen Spielart des Kapitalismus. Erich von Werner Verlag, 25.09.2019, ISBN-13: 978-3981900651, DOI 10.5281/zenodo.3469587.

- Grundlagen gesellschaftlicher Entwicklungen im 21. Jahrhundert: Neue Erklärungsansätze zum Verständnis eines komplexen Zeitalters. Erich von Werner Verlag, 01.08.2020, ISBN 978-3948621162.

- Herteux, Andreas – Wertekapitalismus: Wie die Folgen der Corona-Krise beherrschbar werden und der Aufbau einer krisensicheren Weltordnung gelingen kann. DOI 10.5281/zenodo.3743014.

- Herteux, Andreas – Fluchtursachen mit Hilfe des Wertekapitalismus bekämpfen – Das Modell der Alternativen Hegemonie (AH-Modell) in der praktischen Anwendung. DOI 10.5281/zenodo.3626218.

· · ·